L'Oiseau des glaces

Carnets de bord arctiques

ISBN 978-2-271-15559-7

13 juillet

Je n'aime pas trop raconter. Je ne veux ni l'attention ni les questions, je m'efface, hausse les épaules, change de sujet.

Mais ce soir, je n'ai pas le choix. Ce soir, il y a un concert face à la plage, un feu d'artifice, et les amis assemblés là s'étonnent. Un travail de recherche au Groenland ? Demain ? Au Groenland ?

On n'efface pas le Groenland d'un haussement d'épaules, c'est un peu trop.

Alors les mêmes questions reviennent. On peut les résumer en deux mots, essentiellement.

Pourquoi ?

Et puis :

Comment ?

Au pied d'une scène nichée entre les terrasses de trois bistrots, la réponse est faible, plate. Pourtant, elle ne devrait pas l'être. Il faut répondre à cette interrogation.

Le *comment* ne devrait pas être trop difficile. L'organisation et la logistique sont délicates, mais le voyage est confortable. Rien de plus extraordinaire que quelques avions et quelques trains, avec une ou deux nuits d'hôtel au milieu. Et puis sur place, ensuite, l'hospitalité d'une station militaire et scientifique danoise.

Quant au *pourquoi*, c'est une autre histoire. Il faudrait le dire mieux. Dire autre chose que « mouette ivoire », « changement climatique », « espèce en train de disparaître », « accumulation de polluants le long du réseau trophique ». Pardon, le quoi ? « La chaîne alimentaire ». « Les phoques mangent les poissons qui en mangent de plus petits ».

Un peu plus tard, consterné, je me dis qu'il faut faire mieux, et répondre à ces questions simples. En vérité, c'est bien plus que cela. En vérité c'est une aventure humaine et scientifique qui peut, sûrement, être partagée.

Alors à l'oral, au milieu d'un petit groupe et au cœur d'une foule plus grande qui attend de voir si le feu d'artifice va percer la brume, c'est difficile. Mais à l'écrit, dans le train le lendemain et les jours suivants, en suivant pas à pas le travail réalisé, pourquoi pas ? Peut-être que du *quoi* raconté jour après jour sortiront le *pourquoi* et le *comment*.

Peut-être.

Alors voilà un carnet, un journal de bord. Un récit, plutôt, mais fait au jour le jour. Trois semaines d'une mission d'étude d'un oiseau arctique, la mouette ivoire, racontée chaque jour dans le but d'en partager le quotidien et d'en expliquer les motivations.

14 juillet

Le *comment* démarre donc dans un train. Il passe à Lépin-le-Lac à 8 h 20 pour rejoindre Lyon et Roissy. Glenn Yannic est dans ce train-là, si tout va bien. Il dirige le projet depuis son commencement presque quinze ans plus tôt. Il organise tout. La partie délicate de la logistique ? Pour lui.

Il y a aussi le Rennes-Roissy de 11 h 51. Dans ce train-ci, Guillaume Evanno, qui collabore à ce projet depuis plusieurs années et part aujourd'hui pour sa troisième mission au Groenland. Partant de Morlaix, je le rejoindrai à Rennes pour effectuer avec lui la suite du trajet. Il y a donc également le Morlaix-Rennes de 9 h 41. Pour moi, c'est la première fois. Je vais regarder ça avec des yeux tout neufs, et essayer de décrire ce que l'on fait, pourquoi on le fait, ce que j'en retiens.

Le feu d'artifice hier soir a percé la brume. Nous y sommes. Il faut tenter d'apporter quelques réponses.

Dans le train, Guillaume développe son idée de film. Faire des images, voir ce qu'on arrive à photographier et filmer, revenir avec une moisson de plans, et décider ensuite si on peut en faire un témoignage. « La partie scientifique, dit-il, mais pas seulement. Les belles images, les oiseaux du Nord, les questions de recherche, les méthodes, j'ai des idées de plans, mais aussi peut-être l'aventure humaine, peut-être nos motivations, à chacun d'entre nous, comment est-ce qu'on en arrive là ? Il y a plusieurs angles possibles. Ou peut-être un mix de tout ça.

Cette année on fait des images, l'année prochaine on écrit un synopsis pour les missions suivantes. »

Nous sommes à peine sortis de Bretagne, quelque part aux alentours du Mans, Guillaume est loin au nord, déjà. On ne l'arrête pas lorsqu'il parle nature. On n'arrête pas quelqu'un qui n'est déjà plus là, hors d'atteinte.

Il dit : « Les articles scientifiques qu'on publie, OK, mais si un seul gamin en voyant ce documentaire se dit, tiens, c'est ça que je veux faire, alors là franchement ça vaut le coup. Tu vois ? »

À Roissy, Glenn a sorti son ordi, des cartes et des images de la station de recherche qui attend que la fonte s'accélère. Restent quelques centimètres de neige, qui seront déjà fondus à notre arrivée, prévue pour le surlendemain. Pour l'heure, les deux naturalistes sont déjà à faire des plans, repérer une zone libre de glace à explorer. Peut-être un site favorable à la nidification, suffisamment peu distant pour aller y jeter un œil à pied.

Nous sommes donc trois. Nous nous présenterons au fil des pages, un peu plus loin.

Le temps s'étire. À Roissy, le retard d'un vol raccourcira cette première nuit. C'est bien. Là-haut, il n'y en aura plus, de nuit. Là-haut, il fera jour.

15 juillet

À deux heures du matin, la nuit d'Oslo est étrangement claire, et la pleine lune n'y est pour rien.

Sur notre trajet, le décalage horaire ne se compte pas vers l'est ou l'ouest en heures de plus ou de moins. Il se compte vers le nord, en heures de jour. Le 14 juillet au Bourget-du-Lac, dans le Laboratoire d'Écologie Alpine[1] où travaille Glenn, le soleil s'est levé à 06 h 01 pour se coucher à 21 h 23. Quinze heures et vingt-deux minutes de jour. C'est à environ 46 degrés de latitude nord.

1. Laboratoire d'Écologie Alpine (LECA), unité mixte de Recherche du CNRS, de l'Université Grenoble Alpes (UGA) et de l'Université Savoie Mont Blanc (USMB).

Deux degrés plus haut, au centre INRAE[1] de la rue de Saint-Brieuc, à Rennes, le bureau de Guillaume a été illuminé par le soleil pendant dix-sept minutes de plus.

Dans mon coin de Finistère, à la station biologique de Roscoff, la durée du jour devrait être pratiquement la même qu'à Rennes. Mais c'est le Finistère Nord. Les côtes de la Manche échappent aux statistiques. Les côtes de la Manche, souvent, n'en font qu'à leur tête.

Nous sommes maintenant à Oslo, Norvège. Les choses se corsent. Presque 60° Nord, 17 h 42 minutes de jour. Et ce soir, à Longyearbyen, dans l'archipel norvégien du Svalbard, quelque part au cœur de l'océan arctique, le soleil ne se couchera pas. En vérité, il s'est couché pour la dernière fois aux alentours du 18 avril. Depuis, il fait jour. Et il fera jour sans interruption jusqu'au 24 août.

Les jumelles de l'ornitho sont de sortie dès le court trajet en bus qui relie l'aéroport au centre de Longyearbyen. Sur les huit kilomètres qui nous séparent de l'hôtel, sans doute une dizaine d'espèces. « Tu as vu ça ? On aurait dit un bécasseau violet. » Là-bas, un groupe d'eiders à duvet. Goélands bourgmestres, mouettes tridactyles. Plus loin : bernaches nonettes, plectrophanes des neiges, fulmars boréals. « Moi, dit Guillaume, si j'étais un mergule, j'irais bien dans ce pierrier. » On cherche les mergules, ces espèces de pingouins minuscules, noir et blanc, très beaux et très nombreux. On les repère bientôt sur une crête au-dessus des ruines des mines de charbon. Un peu plus bas à l'observatoire de Longyearbyen : bernaches nonnettes, guillemots à miroir, sternes arctiques, eiders à duvet, labbes parasites, hareldes boréales, guillemots de Brünnich... Ces oiseaux-là, même leurs noms sont beaux. Mais nous ne sommes pas venus pour eux.

1. Institut National de Recherche pour l'Agriculture, l'Alimentation, et l'Environnement.

Océan
Pacifique
Mer de Béring
Mer
d'Okhotsk
CANADA
Océan
arctique
RUSSIE
Station
Nord
Détroit de
Davis
GROENLAND
Longyearbyen
Svalbard
Mer du
Labrador
Kevlavik
Oslo
Aalborg
Océan
Atlantique
Paris

Des yeux noirs cerclés de rouge, une pointe de couleur vive pour le bec, des pattes noires qui disparaîtront complètement en vol. Pour le reste, du blanc. La mouette ivoire a adopté la couleur de l'habitat dans lequel il lui faut se fondre.

16 juillet

Le Svalbard vu d'en haut est magnifique. Les glaciers jettent leurs eaux bleu pâle, rouges, grises, dans le bleu plus sombre des fjords.

Les pilotes de Lufttransport ne nous attendaient pas, priés par erreur d'annuler notre vol en raison de la grève massive des pilotes de la Scandinavian Airlines qui aurait dû nous empêcher d'arriver jusqu'à Longyearbyen. Sans doute un grain de sable dans les rouages de la transmission en anglais entre Français, Danois et Norvégiens. Quelques dizaines de minutes d'expectative inconfortable. Le mot visa a été prononcé. Même dans l'Arctique, ce mot-là refroidit. Mais : « plongeon catmarin ! » s'est exclamé Guillaume derrière ses jumelles, près de la fenêtre. Rien n'arrête l'ornitho. Quelques minutes plus tard, l'avion décollait avec ses trois passagers.

La côte du Groenland. Une côte qu'on connaît peu, tant la limite entre terre et eau se fond ici dans les mille textures de glace et de neige qui recouvrent tout. Les glaciers qui règnent sur le territoire se jettent dans l'eau figée de la banquise. Impossible de distinguer nuages bas, glace, eau, neige. Ici il n'y a pas d'horizon, pas de limite entre sol et ciel.

Juste avant l'atterrissage, un groupe d'oiseaux blancs aperçu sur la droite par le hublot. Des oiseaux d'une cinquantaine de centimètres. Pas loin du double en envergure, ailes déployées. Blanc partout sauf pour l'œil, noir cerclé de rouge, les pattes, noires également, et le bec, gris bleuté irisé d'orange et jaune. Cette espèce ne descend jamais vraiment loin au sud, même en hiver. À l'heure où toutes les autres migrent vers des espaces plus chauds, elle reste à la limite de la glace, au-delà du cercle polaire. C'est l'oiseau le plus nord. Il niche au sol ou sur des falaises dans les zones reculées de l'Arctique[1], se nourrit, entre autres, de restes laissés par les ours polaires.

Juste avant l'atterrissage, une quarantaine de ces oiseaux blancs, c'est de bon augure. La mouette blanche, ou mouette ivoire, c'est pour elle que nous sommes ici.

---

1. Les colonies connues sont représentées par des points verts sur la carte en page 11 (données de Strøm et al., 2019, Ivory Gull : Status, Trends and New Knowledge).

La côte nord-est du Groenland, 81°43' nord, 17°47' ouest, Station Nord. Une petite base militaire danoise. Son rôle est de maintenir en état et de faire fonctionner une piste d'atterrissage, en toute saison. Autour ? Rien. Au-dessus, la banquise, eau de mer figée en glace presque toute l'année. À gauche et à droite, la banquise, constellée d'icebergs qui sont des blocs d'eau douce échappés des glaciers et qui fuient vers le large. En bas, et aussi derrière cette baie, à l'ouest, la terre du Groenland, recouverte par la calotte glaciaire épaisse de plusieurs milliers d'années de neige et de glace tassées. L'été, une partie de la banquise fond et apparaît l'eau libre ; une partie des glaces continentales fondent et apparaissent des terres de moraines, et les oiseaux nichent là.

Associée à la base militaire de Station Nord se trouve la station de recherche Villum, qui accueille des scientifiques de tous bords. Au total, un ensemble de baraques dispersées sur quelques centaines de mètres, le long de la piste d'atterrissage. Descendus de l'avion, on rejoint les gardiens du lieu. Cinq militaires danois présents chacun pour 26 mois, avec chaque année la relève de la moitié de l'équipe (une année deux nouveaux arrivants, la suivante trois, et ainsi de suite). Les nouveaux ont les deux mois d'été pour s'initier avant le départ de ceux qu'ils remplaceront. L'été est également l'occasion de quelques semaines de congés pour les militaires résidents qui viennent d'achever leur première année à Station Nord. À notre arrivée, ils sont six. Nous serons leurs hôtes, et une partie de leur mission consiste à faciliter la nôtre. Il y a là également Bjarne Jensen, un technicien de recherche qui contribue à la logistique. Et puis la personne la plus importante, peut-être, la cheffe Cook Bente, qui cuisine pour tout le monde deux mois par an, en juillet-août. Nous devrions plus tard être rejoints par une équipe sud-coréenne, une autre de Finlande, plus tard également des Danois peut-être.

Station Nord – 81°36' N, 16°40' W – juillet 2022.

Pour l'heure, Bjarne se rend vite compte qu'il a affaire à des *bird-watchers*. Les noms d'oiseaux volent. On passe rapidement sur les meilleures histoires de rencontres avec les ours polaires, et on en revient vite aux oiseaux. La liste des espèces entraperçues ici s'allonge. Les ornithos ont un penchant vicieux pour les observations rares ou surprenantes, comme le grand corbeau qui aurait été vu ici, une fois, paraît-il.

À midi, premier tour à pied de la station. Et première surprise de taille. Les oiseaux sont de retour. Ceux aperçus depuis l'avion n'étaient pas regroupés autour d'une carcasse, comme on l'avait imaginé. Non, à la longue-vue, Glenn se rend rapidement compte qu'ils sont sur leurs nids. Quand il le réalise, sa voix prend une intonation curieuse. « Ah, dit-il lentement, mais... elles nichent. »

Et c'est une très bonne nouvelle.

Station Nord est un site intéressant pour nous, car une colonie de mouettes blanches avait pris l'habitude de nicher à quelques kilomètres, une distance qu'on peut franchir à pied sur la neige, ou un peu plus tard quand elle a disparu et que le sol est suffisamment sec pour être praticable. Mais cette colonie suivie régulièrement de 2003 à 2014 n'avait pas été retrouvée lors des passages suivants en 2018 et 2019. Elle s'était entre-temps installée plus loin, à 18 km de Station Nord, sur la calotte glaciaire, dans les *Glenn Hills*. Mais ces 18 petits kilomètres sont difficiles à franchir. Trop de glaces et de séracs. Alors comme en 2018 et 2019, notre objectif cet été était essentiellement de capturer les adultes qui se posent à Station Nord, attirés par les évacuations d'eaux usées des cuisines. Quand Glenn entrevoit les oiseaux sur leurs nids, cela change la donne. Il semble qu'ils forment deux groupes, à quelques centaines de mètres l'un de l'autre, au nord-ouest et à l'est de la station. Dans quelques jours, quand le terrain gorgé d'eau sera asséché, les deux colonies pourront être visitées. L'intérêt de la mission, en termes de données collectées, prend soudainement une tout autre mesure.

On m'avait promis un désert. À part les mouettes, les militaires. Un terrain anthracite dès que la glace le quitte, pas grand-chose d'autre. Mais ce n'est pas tout à fait vrai. Dès les premiers tours de jumelles, bernaches cravant à ventre pâle, bécasseaux sanderling, labbes à longue queue. Seulement un ou deux de chaque, pour être honnête. Et puis un goéland qui échappe rapidement aux jumelles, pourtant étonnamment virtuoses, de Guillaume et Glenn. Pointes noires, dessus gris, peut-être une espèce américaine. On opte pour le goéland de Thayer, mais le doute ne pourra être totalement levé.

Premier repas pris en commun avec les militaires. Treize heures trente précises. C'est important. Dans l'antichambre, au-dessus des bottes, les armes des ornithologues côtoient celles des soldats. On prend, déchaussé et désarmé, un repas pléthorique.

L'après-midi, mise en place des engins de capture : un filet rectangulaire d'une quinzaine de mètres carrés replié sur lui-même et prêt à se détendre le long de deux câbles élastiques, et un autre filet beaucoup plus petit, formé de deux arcs de cercle rabattus en force l'un contre l'autre. On les déclenche à vue, à une vingtaine de mètres de distance. Pour attirer nos proies ? Deux morceaux de phoque congelé gardé au chaud par les militaires. Un peu pour les deux chiens de la base, un peu pour les ornithologues.

Les pièges sont à peine tendus qu'une première mouette blanche se présente, survole l'appât, repart. Suivie aussitôt par une autre qui, elle, n'hésite pas un instant et se présente sur le petit filet en arc de cercle, le *bow-net*. Impérativement s'assurer que l'oiseau est bien positionné : l'armature de ce piège en se refermant ne doit pas pouvoir toucher l'animal.

Une fois dans le *bow-net*, l'oiseau ne peut se dégager. Mais le temps compte. La manipulation doit être rapide, pour réduire la période de stress autant que possible. L'oiseau est plongé dans un sac en toile opaque, éloigné des pièges, puis pesé. Les femelles adultes font entre 450 et 500 g environ, les mâles plutôt entre 500 et 600 g. Mais le poids ne suffit pas tout à fait pour distinguer les individus des deux sexes, qui, à l'œil nu, apparaissent par ailleurs en tout point identiques. D'autres mesures peuvent aider : en particulier la longueur totale de la tête, de l'arrière du crâne au bout du bec, et la hauteur du bec. Ces deux dimensions combinées permettent d'identifier le sexe de la plupart des individus. La longueur du bec est également enregistrée, puis celle du tarse, le grand os situé tout en bas de la patte des oiseaux. Quelques plumes du dos et du ventre sont prélevées, qui serviront à l'évaluation des taux de polluants accumulés dans l'organisme, et donneront d'autres informations sur le régime alimentaire de l'espèce, imparfaitement connu.

Capturés, les oiseaux font savoir leur surprise et leur peur. Mais presque tous restent étonnamment calmes quand ils sont entre nos mains. Ils ne se débattent pas, ne crient plus, essayent ici ou là un coup de bec. Sauf pour les mesures de la tête, le haut du corps est maintenu sous un tissu le temps de la manipulation, ce qui aide également à limiter le stress et l'agitation. Restent deux étapes importantes. D'abord, les bagues. Outil star de l'ornithologie, la bague est un excellent moyen de reconnaître un animal à distance, sans avoir besoin de le recapturer. Une bonne longue-vue suffit. Les ornithologues intéressés par la mouette blanche se sont mis d'accord : au Groenland, elles seront blanches ou jaunes, bleu pâle au Canada, rouges en Norvège, bleues en Russie, et vertes pour les oiseaux capturés en mer. Ces bagues portent un code composé de deux lettres. Ces lettres noires et la couleur du fond pourront être repérées relativement facilement par la suite par tout observateur. Une deuxième bague est mise à l'autre patte. En métal nu, elle est gravée d'un numéro à sept chiffres qui répond à une nomenclature internationale. Elle est plus résistante, mais son code ne peut être lu qu'en capturant l'individu.

Enfin, la prise de sang. Entre 1 et 1,5 millilitre, qui fournira des indications précieuses sur le taux de contaminants d'origine humaine dans le corps des mouettes blanches, et qui est également la meilleure source d'ADN pour de futures analyses génétiques. Ce prélèvement sanguin est sans doute l'objet le plus important de notre mission à Station Nord.

Le piégeage ne sera pas toujours aussi facile que pendant ces premières heures, et chaque capture sera un moment important, espéré, soigneusement préparé, attendu pendant des heures, parfois des jours. Mais ce que l'on veut surtout, c'est que l'oiseau reprenne son vol indemne, après quelques minutes d'attente encore afin de permettre au point de piqûre de se refermer. Notre meilleur moment, paradoxalement, est donc toujours celui de l'envol.

À Station Nord, tous les oiseaux capturés filent droit s'ébrouer dans un plan d'eau situé à une petite centaine de mètres de notre poste de capture. Là ils se remettent les idées en ordre à coup de tête dans l'eau, en se demandant ce qui a bien pu leur tomber sur le coin des plumes.

Et puis un jour, une semaine ou deux ans après, ils reviennent picorer du phoque droit dans le même piège, au même endroit.

EAU

FY jaune.
Repéré plus tard à la longue-vue, dans un jour, dans un mois, dans un an on saura que FY jaune est un mâle, capturé pour la première fois le 18 juillet 2019. Il pesait alors 550 g, quelques passages de son ADN nous sont connus, la taille de sa tête, de son bec, de son aile. Son comportement sur la colonie, peut-être. Et bientôt la teneur en contaminants de son sang et de ses plumes.

Station Nord, c'est quelques gars en treillis, et, l'été seulement, un cuisinier ou une cuisinière. En été surtout, des équipes scientifiques de passage. À plus de 80° de latitude nord, en bordure de banquise, loin. Mais le samedi soir, c'est cravate. Vin et repas de fête, ponctué par le *go* de la cheffe avant chaque plat. Et puis le samedi soir, c'est aussi la soirée bar. Une baraque dédiée, avec zinc, tabourets, fléchettes, billard, photos de la reine et tout. Drapeaux, crâne de bœuf musqué, peau de renard, fragments de traîneau, souvenirs en tous genres. Presque un pub anglais, mais un peu plus Nord. Mais il est prévu que le temps s'abîme, le vent apportera des nuages ces prochains jours. Puis ce sera également un va-et-vient d'avions ravitailleurs, qui compliqueront un peu nos propres plans de vol. Alors ce soir, au soleil et par vent faible, c'est le moment de vérifier si un drone peut aider à repérer et filmer la colonie entrevue plus tôt.

Les batteries n'aiment pas travailler à une température proche de zéro, le temps de vol est court, et ne suffit pas à rejoindre la colonie la plus éloignée, celle qui est à la pointe de la péninsule qui porte la station. Mais au troisième essai, sur la seconde colonie, située à l'est, le petit groupe de cinq oiseaux comptés à la longue-vue depuis la station se révèle être un bel ensemble d'une quarantaine de nids. À 70 mètres d'altitude, le drone ne dérange pas les mouettes. Aux manettes, Guillaume filme, photographie. Plus tard, ces images révéleront la présence simultanée de cinquante à cinquante-cinq oiseaux.

Rejoindre Station Nord, observer un vol de mouettes ivoire en arrivant, réaliser qu'une colonie, et même deux, se sont installées à proximité, capturer un premier individu, survoler et filmer la colonie la plus proche, bonne journée.

Plus tard ce soir-là au bar le plus nord, Peter explique qu'il a rejoint l'armée pour y devenir mécanicien. Mais pourquoi avoir demandé cette affectation au nord du Groenland ? « *Because, you know, I want to see the world.* » Aller tout en haut du monde pour mieux le contempler. La fatigue et l'alcool aidant peut-être, ça me semble une très bonne idée.

17 juillet

La brume douche l'euphorie de la veille. L'air gris détrempe tout. Les Anglais ont un mot qui sonne juste, approprié, court, efficace : *fog*. C'est d'ailleurs aussi un mot danois. On l'adopte. Peu d'informations arrivent jusqu'ici, les prévisions météo ne sont pas très précises, mais on s'attend à plusieurs jours de grisaille humide. Les pièges sont tendus.

Dans l'après-midi, un individu trouve son chemin jusqu'ici, tourne, hésite, repart, revient, se pose sur un toit. Tend le cou, à gauche, oui, non, peut-être, redécolle, se repose. Et recommence. Tout au long des deux semaines qui suivent, nous aurons le temps d'apprendre les comportements. Ceux qui arrivent, se posent, mangent, se font choper. Ceux qui hésitent des heures, finissent par s'approcher puis soudain s'éloignent définitivement, comme effrayés de leur propre audace. Ceux qui veillent et éloignent tous les autres. Ceux qui n'apprennent jamais et se font capturer trois fois en quelques jours, la deuxième pour compléter une donnée manquante, la troisième par erreur. Car quand trois ou quatre oiseaux slaloment au pied des cuisines, il est parfois difficile de les suivre tous et dégoupiller le piège au bon moment. Enfin dans une douzaine de jours il y aura les obstinés, qui s'acharneront à revenir dès qu'on aura le dos tourné, et qu'il faudra faire fuir pour avoir une chance d'attraper de nouveaux candidats.

Un peu plus tard, huit individus survolent simultanément notre site. L'un d'entre eux finira par se laisser tenter. La femelle *UB*. Baguée en 2009 lors de la première session de terrain à laquelle Glenn a participé[1], cette femelle a donc au moins 15 ans, considérant que les jeunes mouettes n'apparaissent sur les colonies qu'à partir de leur deuxième été. L'espèce est longévive, les adultes ont globalement un bon taux de survie année après année, et le suivi de populations à long terme a permis à des collègues Canadiens d'identifier un individu âgé de 28 ans au moins. Les calculs ne sont pas évidents, mais les captures et les observations de bagues année après année permettent d'estimer ce genre de choses : le nombre d'individus dans une population, le taux de survie juvénile, la survie adulte, la durée de vie maximale. On apprend le cycle de vie de l'espèce.

1. Avec le Groupe de Recherche en Écologie Arctique,GREA – http ://www.grearctique.org qui a initié le travail sur la mouette ivoire à Station Nord.

18 juillet

La pluie. Fine, à la limite du brouillard, mais la pluie quand même. La brume qui enveloppait la station depuis la veille trempait déjà toutes les surfaces, la pluie aujourd'hui achève le travail.

La pluie est rare à Station Nord. Avec une température de l'air de deux ou trois degrés et un peu de vent, elle peut décimer les poussins, qui pendant quelques semaines ne sont pas équipés pour rester au sec et au chaud quand le temps se gâte.

La température de l'Arctique augmente plus rapidement qu'ailleurs. Environ deux fois plus vite que le réchauffement moyen. Ça se voit bien, par exemple, quand on regarde la surface de glace de mer, année après année. À la fin de l'été, quand la banquise atteint sa plus petite taille, on est passé de presque sept millions de kilomètres carrés en 1979 à moins de cinq millions en 2021. Ce sont les données de la Nasa[1] ; tous les observateurs indépendants font le même constat.

Alors en Arctique, quelques dixièmes de degrés de température de plus tous les 10 ans, disons environ trois degrés de plus depuis la fin du XIXe siècle, ça semble peu, à première vue. Mais ces trois petits degrés ont des conséquences massives. Au nord du Groenland par exemple, la pluie remplace la neige de plus en plus fréquemment en juillet, au moment où les oisillons sont vulnérables. En juillet 2011 à Station Nord, trois jours de fortes précipitations de pluie et de neige ont chassé les parents qui couvaient. Tous sans exception. Deux ans plus tôt et un peu plus au sud, sur une colonie située à Amdrup Land, dix-huit heures de pluie suivies de deux jours de vent violent ont mis un point final à la reproduction cette année-là. Les 83 œufs et 48 poussins comptés avant la tempête sont tous morts, possiblement sous les coups de bec des adultes au moment où l'abandon de la colonie était devenu inévitable. Dans les deux cas, aucun nouvel individu ne s'ajouterait à la population, au moins jusqu'à la prochaine saison de reproduction un an plus tard.

1. https ://climate.nasa.gov/vital-signs/arctic-sea-ice/

La mouette blanche est une espèce longévive, la population peut se permettre un certain taux d'échec. Mais combien ? Combien de pluie en juillet ? Combien de temps reste-t-il à la mouette blanche ? Au nord, le temps en moins se compte en degrés de plus.

Alors la pluie est un problème, mais ce n'est pas le seul. Peut-être même est-il insignifiant, à côté des autres. La mouette blanche passe le plus clair de son temps en bordure de banquise. Parfois un peu plus loin, en été. Mais la limite entre glace de mer et eau libre semble bien être une zone de pêche essentielle à sa survie. Alors dans quelques années, quand en été il n'y en aura plus, de banquise ? On ne sait pas. Modifier son comportement (et vite), ou disparaître.

Disparaître, c'est bien le problème. C'est ce qui nous pose question. L'espèce est en déclin, d'après les suivis canadiens et norvégiens. En déclin sérieux : moins 70 % au Canada depuis 1980, moins 40 % au Svalbard depuis 2009. Ailleurs, en particulier en Russie, où les colonies sont les plus grandes, et au Groenland, on ne sait pas trop. On estime qu'il reste en tout quinze à vingt mille couples reproducteurs de mouettes ivoire. Plus très loin du nombre d'ours polaires[1]. Alors on aimerait comprendre ce qui se passe. Les pluies augmentent, la banquise fond, les contaminants d'origine humaine s'accumulent dans les organismes, et l'exploitation pétrolière en Arctique est déjà – et sera demain encore plus – au beau milieu des habitats d'hiver de la mouette blanche.

Infléchir cette trajectoire ? Sûrement non. Mais comprendre un peu mieux les causes du déclin, connaître un peu mieux l'espèce avant qu'elle ne disparaisse ou, peut-être, qu'elle ne change radicalement ses habitudes de vie, on est là pour ça.

1. En 2015, le nombre total d'ours polaires a été estimé à un peu plus de 26 000, avec un intervalle de confiance à 95 % compris entre 22 000 et 31 000, d'après les données analysées par l'Union Internationale pour la Conservation de la Nature https ://www.iucnredlist.org/species/22823/14871490

RE

Dans la brume du jour, trois oiseaux sont capturés. Le quatrième, Monsieur ou Madame *AP*, fait partie de ces individus indécis qui vont et viennent autour des appâts pendant des heures avant de craquer. À moins qu'elle ne soit venue fêter son anniversaire : *AP* avait été baguée le 18 juillet 2018 par un collègue danois, Morten Frederiksen. Bon anniversaire.

19 juillet

Et bien sûr, la covid s'invite. Deux d'entre nous ont eu quelques symptômes, l'un des deux est positif ce matin. Le chef de base décide pour l'heure de nous faire prendre les repas dans les quartiers scientifiques de Villum plutôt que dans la cuisine commune avec les militaires. Nous serons donc livrés à domicile, matin, midi et soir. Un peu dommage d'être isolés, mais pas vraiment un problème. Villum est *très* confortable. La cuisine de la cheffe Cook est *très* bonne (et pléthorique, l'a-t-on déjà noté ?). Mais ça ne va pas tarder à compliquer l'organisation de la base. Une équipe sud-coréenne formée de huit chercheurs est attendue pour le lendemain. Deux Finlandais un peu plus tard. Une équipe danoise, aussi. Et surtout, aujourd'hui, la patrouille Sirius. De jeunes Danois triés sur le volet qui longent les côtes d'un bout à l'autre du parc national groenlandais. Ils sont organisés en équipes de quinze : deux hommes, treize chiens. En novembre-décembre, un mois et demi pour le « petit » trajet. Et puis de janvier à juin, près de cinq mois. Ils font ça deux fois chacun. L'hiver, ils parcourent le Groenland en traîneau. L'été, ils font les mêmes parcours en avion ou en bateau pour entretenir et réapprovisionner les refuges qu'ils utiliseront l'hiver suivant. En tout, douze hommes. Aucune candidate n'a pour l'instant rejoint ce corps d'armée particulier.

Station Nord est une base importante qui leur permet de multiplier pendant une quinzaine de jours les allers-retours en *Twin Otter*, l'avion tout terrain de tous les terrains du monde. Cinq Sirius sont attendus, avec un avion et ses deux pilotes islandais. Dans les deux prochaines semaines, les militaires stationnés sur la base vont pouvoir les accompagner, chacun à leur tour, pour donner un coup de main et enfin profiter un peu des espaces sauvages autour. Apercevoir la faune sauvage à Station Nord est rare. Une ou deux visites d'ours polaires chaque année. Quelques oiseaux. Encore plus rare, un ou deux lemmings, voire un renard polaire. Mais à bord d'un *Twin* en route pour l'un des refuges Sirius, c'est une autre histoire.

Confinés aux bâtiments scientifiques de Villum, nous sommes tout de même autorisés à poursuivre notre piégeage. Mais alors que jusqu'à présent nous nous abritions de l'humidité dans la baraque la plus proche – qui se trouve être le bar, mais nous n'y sommes pour rien – nous allons maintenant devoir attendre dehors.

Pour l'instant, cinq mouettes en quatre jours.

1,25 capture par jour.

Le vent a fini de chasser la brume, la journée est belle.

Nous attendons.

Attendre c'est bien, ça permet de voir. Trois bécasseaux gambadent. Deux heures plus tard, un grand gravelot. Bientôt devraient passer les bécasseaux maubèche, d'après Glenn. Ils se reproduisent un peu plus haut, nous sommes sur leur trajet retour.

L'après-midi, une mouette se pose.

Sept autres passent en râlant.

Et puis rien.

Nous n'attraperons rien de plus ce jour-là, sinon un deuxième cas de covid. Et plus tard dans la semaine, un troisième. Et puis un quatrième. Nos souliers se font un peu serrés. Mais le chef de station est pragmatique et accepte la covid telle qu'elle est, ici comme au Danemark : partout. Il gère au jour le jour, confine les uns et les autres dans différents baraquements pour la nuit et les repas, surveille que les symptômes restent sans gravité. De toute notre période à Station Nord, pas la moindre trace de ressentiment envers les visiteurs internationaux. Et systématiquement la volonté de faciliter notre tâche, parfois avec un net intérêt pour la nature des travaux scientifiques réalisés.

Le plus important, quoi qu'il en soit : que la cheffe cuisinière ne tombe pas malade. De toute façon elle n'en a pas l'intention : « J'ai beaucoup trop de travail pour ça », dit-elle.

20 juillet

La journée démarre avec deux bonnes nouvelles. Les covidés se remettent vite, et le Danois Vingegaard mène le tour de France. Deux minutes trente seulement, et Pogacar, qui ne doit pas être content, attaque. Mais une bonne nouvelle au Danemark tout de même. Et puis peu de nouvelles extérieures arrivent ici. Je ne sais pas comment celle-ci a fait.

Nous ne saurons finalement pas qui a gagné aux Champs-Élysées quatre jours plus tard. La communication avec les familles restées à terre se fait par textos, *via* l'un de nos téléphones portables reliés à un système iridium qui nous sert également de balise GPS en cas de problème en dehors de la station. Il permettra également de communiquer par texto avec le chef de base lors de nos excursions un peu plus éloignées, prévues pour la semaine suivante.

Notre mission est prévue pour durer trois semaines. C'est peu. Un clin d'œil, vraiment. Mais l'absence n'est subie que par celles et ceux que l'on a laissés sur le quai. Ces textos sont un lien bienvenu.

Matinée : un vol de mouettes. Aucune capture. Le vent se lève, un vent du sud. Avant d'arriver ici, le vent du sud bavarde avec la calotte glaciaire groenlandaise pendant quelques centaines ou quelques milliers de kilomètres. Le vent du sud ici apporte des nouvelles fraîches.

Une seule capture aujourd'hui, mais nous prolongeons généralement le piégeage en soirée. Le soleil ne se couche pas, il est juste un peu plus nord, et nous propose une lumière juste un peu plus chaude, plus rasante. Un individu se pose enfin, mais dans la précipitation je déclenche le mauvais piège. L'oiseau s'effraie, mais il revient bientôt et se présente par chance dans le second piège... que je déclenche trop tôt. Après la chance du débutant qui avait accompagné notre première journée, l'erreur de débutant.

À 22 h, la mouette *XX*.

21 juillet

Dans la matinée revient *WK*, capturée et baguée la veille. On peut donc penser que *WK* est un individu de l'une ou l'autre de nos colonies locales, plutôt qu'un visiteur venu de loin. Cette information nous intéresse, car si on équipait cet oiseau d'une balise GPS, il pourrait nous renseigner sur l'emplacement exact de la colonie qu'il fréquente, apporter des données utiles sur ses déplacements quotidiens pendant la saison de reproduction. Les résultats acquis jusqu'à présent suggèrent par exemple que les individus qui fréquentent Station Nord font deux types de trajets pour se nourrir. En majorité des trajets relativement « courts », d'une durée moyenne de sept heures, qui les emmènent sur trois principales zones de nourrissage situées à quelques dizaines de kilomètres. Et, dans un tiers des cas environ, des trajets nettement plus longs, d'une durée moyenne de près de deux jours, vers une variété de sites à une distance moyenne de 145 kilomètres. Identifier ces parcours et les environnements dans lesquels se nourrit la mouette ivoire est utile pour comprendre quelles sont les ressources qui lui sont nécessaires.

La balise fait la taille d'un morceau de sucre, fixé sur un harnais en fines lanières de téflon qui doivent résister une année, deux peut-être. Ça peut être beaucoup plus court si la mouette essaye de s'en débarrasser ou si la balise n'est pas correctement posée.

L'appareil enregistre la position de l'individu toutes les cinq minutes, avec température et altitude. Toutes les cinq minutes, trente secondes d'enregistrement GPS en continu, gyroscope et magnétomètre, ce qui permet d'avoir une idée du comportement de l'oiseau en cours de déplacement.

La balise est équipée de capteurs solaires qui alimentent une petite batterie. Si tout se passe bien, l'enregistrement peut se poursuivre indéfiniment, jusqu'à ce que la mémoire interne se remplisse.

L'ensemble fait dix grammes. Environ 2 % de la masse de l'animal équipé. Ça enregistre, mais ne transmet rien. Pour récupérer les informations enregistrées, il faut qu'un signal VHF envoyé par un émetteur-récepteur à proximité déclenche l'émission des données par la balise. Il faut donc que les oiseaux équipés passent à courte distance de notre antenne VHF. Dans cet espace, la portée est de cinq à dix kilomètres.

Une balise (ici un modèle avec GPS intégré, utilisé lors d'une mission précédente) enregistre la position de l'animal. Nous souhaitons la gêne occasionnée par ce harnais la plus faible possible.

Nous ne récupérerons des données intéressantes que si un certain nombre d'oiseaux sont capturés, équipés d'une balise, qu'ils repassent à portée de tir à un moment où nous sommes sur le terrain, et avant que la balise ne tombe en panne d'énergie et bien sûr avant qu'elle ne tombe tout simplement.

D'où l'intérêt de *WK*, dont le passage répété près de la cuisine de Station Nord nous fait dire qu'il s'agit d'un oiseau reproducteur, ou au moins qu'il fréquente l'une des deux colonies qui nous intéressent. Équiper un oiseau de passage, qui peut-être visite plusieurs colonies durant l'été sans rester longtemps sur aucune, serait plus risqué : il pourrait disparaître pour ne jamais repasser à proximité de notre récepteur VHF.

L'acquisition de ces informations sur la position et les déplacements des individus est fastidieuse, mais les résultats en valent la peine. En 2018 par exemple, Glenn et Guillaume ont ainsi pu découvrir, en temps réel, où s'était déplacée la colonie qui avait malheureusement déserté Station Nord : dix-huit kilomètres plus loin, sur un banc de sédiments posés à même la glace de la calotte groenlandaise. Les *Glenn Hills*.

Certains oiseaux équipés cette année-là ont plus tard livré quelques secrets sur leur comportement migratoire entre habitats d'hiver et d'été. L'un d'entre eux en particulier s'est lancé dans une traversée du Groenland, d'ouest en est, plutôt que de suivre le trajet migratoire retour qui longe la côte par le sud et l'est. En moins de trente heures, 1 345 kilomètres parcourus au-dessus de la glace qui culmine à 3 000 mètres, avec un vol jusqu'à 4 000 mètres d'altitude avant de redescendre vers l'eau libre de l'autre côté. Tout ça avec une consommation estimée à 40 g de réserve lipidique. Et avant de reprendre le trajet plus classique qui consiste à traverser encore une partie de l'océan arctique pour rejoindre l'archipel du Svalbard, puis en revenir et passer à proximité de Station Nord à l'été 2019, où les données ont pu être récupérées.

Avant cela, ce type de balise ainsi que d'autres modèles permettant la transmission satellite en temps réel ont déjà révélé une partie des habitats d'hiver et des trajets migratoires. Les mouettes ivoire hivernent à la limite de l'eau libre, en mer du Labrador à l'ouest du Groenland, ou bien dans le détroit de Béring et en mer d'Okhotsk, de part et d'autre du Kamtchatka. Les mouettes blanches ne descendent pas plus bas, ou exceptionnellement. Elles vivent au nord.

Reste un mystère. Les oiseaux n'apparaissent sur les colonies qu'à leurs deux ans. On ne sait pas bien ce qu'ils font avant ça.

L'après-midi, premiers échantillonnages pour analyses isotopiques.

Le monde est composé d'atomes. Il y a pas mal d'atomes de carbone, par exemple. Le carbone n'est pas compliqué : six protons, six électrons. En revanche, il peut naturellement contenir 12 ou 13 neutrons, et plus rarement 14. Le carbone à 14 neutrons est pratique, car il est intégré aux organismes à un taux à peu près égal à celui contenu dans l'atmosphère, mais disparaît ensuite à un rythme régulier à la mort des organismes. Un bout de bois qui contient deux fois moins de carbone 14 que l'atmosphère (enfin, l'atmosphère pas trop récente, celle d'avant les essais nucléaires) est un bout de bois mort il y a en gros 6 000 ans. C'est bien pratique pour dater tout ce qui a été vivant un jour, et qui n'est pas mort depuis trop longtemps non plus.

Les atomes de carbone à douze ou treize neutrons sont pratiques aussi. Ces formes ne disparaissent pas, mais leurs concentrations changent, par exemple entre l'algue et la bestiole qui mange cette algue, puis entre ce mangeur d'algue et son prédateur. Le carbone à 13 neutrons change un peu en proportion à chaque étape de cette chaîne alimentaire. Et ces changements ne sont pas tout à fait les mêmes selon qu'on démarre sur terre, dans l'eau douce, l'eau de mer... Et puis on peut affiner avec les variations de forme d'autres atomes. L'azote surtout. À la fin si on compte les différentes formes d'azote et de carbone dans une bonne partie d'un écosystème, plancton, invertébrés aquatiques, poissons plus ou moins prédateurs d'autres poissons, phoque pourquoi pas, et plumes de mouette bien sûr, à la fin on peut essayer de comprendre de quoi se nourrit la mouette ivoire ou du moins comment elle se positionne dans ce réseau trophique. Notre objectif est d'affiner les réponses à ces questions : les mouettes blanches se nourrissent-elles essentiellement de restes de phoques tués par les ours, de poissons plus ou moins haut placés dans le réseau trophique, d'autre chose ? Suivent-elles toutes la même stratégie alimentaire ?

Les différentes formes des atomes sont des isotopes ; comparer leurs concentrations relatives dans un poisson et une plume de mouette est une analyse isotopique. Cet après-midi, donc, échantillonnage pour analyses isotopiques.

On aimerait bien commencer tout en bas de la chaîne. Dans l'eau vivent en suspension des algues microscopiques qui utilisent la lumière du soleil comme source d'énergie. Ces microalgues peuvent être consommées par d'autres organismes incapables d'utiliser la lumière du soleil et qui préfèrent donc manger quelque chose de plus concret. De petits crustacés, par exemple, ou des larves d'animaux plus grands, qui à leur tour peuvent nourrir d'autres types de consommateurs. Et ainsi de suite, jusqu'à ceux qui sont tout en haut : l'ours polaire, mangé à l'occasion par l'Homme, la mouette ivoire, mangée à l'occasion par l'Homme, l'Homme, mangé à l'occasion par l'ours.

On aimerait bien commencer tout en bas de la chaîne, c'est pourquoi on utilise une petite pompe pour filtrer l'eau douce retenue dans les petits lacs autour de la station, ou bien l'eau de mer qui commence à dégeler sur le trait de côte. Avec un filtre très fin, deux fois plus petit qu'un dixième de millimètre, on récupère le tout petit : microalgues et débris en tous genres. Puis vient le filet à plancton, avec une maille de deux ou trois dixièmes de millimètres par exemple, puis nos épuisettes, pour attraper quelques crustacés plus gros que l'on peut voir à l'œil nu, puis la canne à pêche, qui nous permettra plus tard d'attraper par exemple un chaboisseau (à moins qu'il ne s'agisse d'un tricorne arctique, mais en tout cas un de ces poissons avec surtout une tête, des gros sourcils et des épines), puis le congélateur des militaires, qui contient quelques morues arctiques (un poisson marin, qui pourrait manger par exemple de petits crustacés), quelques ombles chevaliers (un poisson qui pourrait partager son temps entre mers et lacs), et un phoque (pour les deux chiens et les trois ornithologues). Enfin, pour finir, les plumes de mouette ivoire.

Chaboisseau arctique ou tricorne arctique? En tout cas un poisson avec une grosse tête, de gros sourcils et des épines.

Cet après-midi, on se contente, entre deux captures de mouette, de filtrer une vingtaine de litres d'eau douce, pour tester le matériel et voir ce que ça donne. Tout le reste sera échelonné au fil des jours, quand un peu de banquise aura fondu sur le bord, et jusqu'au prélèvement de fragments de tissu dans la chambre froide des militaires la veille de notre départ.

Il ne fait jamais nuit, mais le soleil n'est pas un point fixe. Il décrit une courbe qui en soirée l'entraîne vers le nord. Vers 22-23 heures, la lumière est un peu moins vive et froide qu'en journée, idéale pour les images. Le vent est tombé, on envoie le drone pour essayer de survoler la plus grande des deux colonies de mouettes installées près de la station. Nos premières tentatives cinq jours plus tôt avaient montré que nous étions à la limite de portée radio et d'autonomie électrique. Cette fois-ci on s'éloigne un peu de la station, quelques centaines de mètres.

Les visites d'ours polaire sont rares à Station Nord, une ou deux par an en général. Mais en cas de rencontre, il faut pouvoir effrayer l'animal si on ne peut simplement s'écarter de son chemin. Donc on ne s'éloigne pas sans un pistolet d'alarme, généralement efficace, mais également une arme capable d'arrêter un ours dans la pire des situations. La curiosité, l'appétit, la force de ces animaux et leur insistance face à une potentielle source de nourriture imposent ces précautions. Comme à Longyearbyen, où les interactions homme-ours sont fréquentes, il y a des limites à ne pas franchir sans équipement. En gros, la limite de la ville. C'est-à-dire, pour nous, de la station.

À l'été 2019, Guillaume, l'œil collé à la longue-vue, avait repéré un ours qui y venait tout droit. L'ornithologue aux longues jumelles est souvent le premier à voir. Cette fois-là, les militaires avertis par radio avaient rapidement chassé l'animal assez loin sur la banquise pour lui faire passer le goût de visiter la station, quelles que soient les odeurs s'échappant de la cuisine. Le pauvre avait mis un certain temps à récupérer après sa course, et n'avait pas réitéré l'expérience.

Certains ours sont plus insistants, et c'est parfois le début des problèmes. Ça se termine toujours mal pour l'ours ; malheureusement, pas toujours uniquement pour l'ours. Les histoires d'ours racontées par les uns et par les autres ponctuent *toujours* un voyage en Arctique.

Une pointe creusée de cratères, cernée par la banquise. Les oiseaux nichent là.

Le drone s'élève, et après quelques instants d'exploration, trouve sa cible. Les mouettes blanches se sont installées à la pointe d'une langue de graviers creusée de petites dépressions. Un coin de marais salant breton entouré de banquise. Ou quelques cratères à la surface de la lune. Mais de différentes couleurs, bleus, verts. Plus tard sur les photos : 50 à 55 nids. Avec le premier site filmé le soir de notre arrivée, nous arriverions à un total d'environ 110 nids. Au moins 220 oiseaux adultes, donc, sans compter ceux qui fréquentent les colonies, mais ne se reproduisent pas. On les appelle les *floaters*. Comprendre le comportement de ces individus, et plus largement du système de reproduction au sein de la colonie, fait partie de nos intentions. Combien de poussins par nid ? Est-ce qu'un mâle peut se reproduire avec plusieurs femelles ? Et l'inverse ? Pour répondre à ces questions, les photos aériennes ne suffisent pas, les poussins y sont des grains de poussière, les adultes tout juste visibles. Il faut se rendre sur la colonie, s'approcher pour compter les individus. Mais même l'observation directe d'un adulte sur son nid ne garantit pas qu'il s'agit du père (ni même de la mère) biologique du poussin couvé, nourri. Pour démêler les liens de parenté, parents et enfants, frères et sœurs, une seule option : parmi les 2 milliards 400 millions de lettres qui composent la séquence ADN complète contenue dans chacune des cellules d'une mouette, en lire quelques fragments qui se ressembleront d'autant plus entre deux individus que leur apparentement est grand. Deux poussins frère et sœur. Leur père. Leur mère.

Mais comment échantillonner l'ADN de poussins sans les déplumer ou les martyriser d'aucune manière ? Avec un coton-tige brièvement frotté au coin du bec, technique éprouvée chez l'Homme et bien d'autres animaux. À l'aide d'une collègue, nous avions testé l'idée sur des goélands leucophée, en 2008, avant de proposer une étude génétique de la mouette ivoire. Des goélands du lac Léman. Nous étions alors tous les trois en contrat à l'université de Lausanne, où le chemin de Guillaume et Glenn, compères de longue date, a croisé le mien.

Pour les adultes, plusieurs options : les mêmes frottis buccaux à l'aide de cotons-tiges, des plumes prélevées directement sur le corps de l'animal, ou encore le sang que nous échantillonnons par ailleurs pour estimer la concentration en contaminants dans l'organisme des mouettes. Le sang est la meilleure option, mais les frottis buccaux sont également très efficaces, notamment pour multiplier le nombre d'individus échantillonnés. En 2008 nous avions envoyé nos cotons-tiges prêts à l'emploi à tous les ornithologues spécialistes de la mouette ivoire, Canadiens, Norvégiens, Russes, Français et Suisses.

Alors combien d'adultes sur nos colonies ? Combien de nids, de poussins ? Combien de jeunes par adulte ? Qui sont les pères et les mères ? Nous espérons répondre à ces questions. Pourquoi ? Parce que de cette compréhension dépendent d'éventuelles prédictions sur l'évolution du nombre d'oiseaux dans les années à venir, et de leur diversité génétique.

Pour quoi faire ?

Connaître un peu mieux une espèce sauvage, une des plus directement impactées par le réchauffement climatique. Une espèce suspectée de déclin rapide.

Mais encore ?

Ça dépend.

Comprendre un peu mieux la diversité biologique et son évolution peut sembler intéressant en soi. Les conséquences sur cette diversité des actions de l'Homme également. Mais la disparition de la mouette blanche dans l'indifférence n'aurait pas grande conséquence. Elle n'est une ressource nécessaire à personne, même pas sans doute au renard polaire. Elle n'est pas utile.

Alors, au fond, pourquoi ?

22 juillet

Les mots danois pour truite fumée sont *røget ørred*, nous dit Jakob, un grand Danois associé à une équipe de sept Sud-Coréens arrivés l'avant-veille à Station Nord. La prononciation danoise pour *røget ørred* n'a pas besoin d'autant de lettres. Deux ou trois auraient suffi.

Les Coréens sont paléontologue, botaniste, microbiologiste, géologue, climatologue, guide de montagne, voire guide de montagne et chef cuisinier.

Le Danois Jakob est paléontologue. En attendant les mouettes, qui ce matin se montrent peu intéressées par le morceau de phoque sanguinolent que nous venons de découper à la scie à métaux, Jakob nous balade le long de l'arbre du vivant (c'est-à-dire, du vivant mort depuis longtemps). Il se plaît au Cambrien, environ 500 millions d'années en arrière, quand quelque part au fond d'une mer vivaient des organismes bizarres, des embranchements entiers du monde vivant qui ont plus tard laissé la place à d'autres branches plus efficaces ou plus chanceuses, pour donner par exemple nos mollusques, nos crustacés. Au fond de cette mer, les organismes meurent et se déposent, parfois dans des conditions telles que la manière minérale remplace la matière organique sans qu'elle soit trop décomposée. Peu à peu, les êtres bizarres se transforment en pierre, et 500 millions d'années plus tard le paléontologue cherche ces fossiles. Le fond de cette mer est maintenant à l'air libre, et même parfois assez haut, quelque part au nord-est du Groenland, dans une vallée reculée où oiseaux, loups blancs et bœufs musqués ne voient pas l'Homme. Là campent chaque été pendant quelque temps des chercheurs sud-coréens, et un danois. Lui, son truc, c'est les arthropodes à corps mou. Des genres de crustacés, en plus mous. Il cherche dans une fine veine de roches cambriennes qui n'a pas trop bougé depuis sa formation. Trouvée par hasard par un géologue, montrée ensuite à un paléontologue qui a dû en tomber de sa chaise. Une concentration de fossiles exceptionnelle, dans un état de conservation remarquable. Notre paléontologue danois nous montre des fibres musculaires et des systèmes nerveux vieux de 520 millions d'années. Guillaume promet de lui envoyer des lamproies au printemps prochain, pour vérifier quelque hypothèse sur la décomposition de ces bêtes-là dans différentes conditions (Jakob entend faire passer une IRM à des cadavres de lamproie à différents stades de décomposition – la recherche mène à tout, et souvent à l'imprévisible).

La journée entière, les oiseaux dédaignent nos appâts. Sept captures en six jours. La moyenne baisse.

23 juillet

Rien. L'attente.

Et puis soudain, trois captures en 25 minutes. Et deux de plus avant la fin de la journée.

« Ça ferait un mauvais fossile », assène Jakob en nous regardant manipuler une mouette, alors qu'il est coincé à Station Nord avec le reste de l'équipe qui devait faire aujourd'hui la première étape du trajet retour. L'avion de Longyearbyen ne vole pas avec un tel brouillard.

24 juillet

Dans le brouillard, toujours pas d'avion pour les Sud-Coréens. Nouvelle tentative prévue le surlendemain.

Dans le brouillard, démonstration de vol. Deux mouettes s'expliquent à grands coups de piaillements. Concours de voltige. Le vaincu, un oiseau non bagué qui nous intéressait bien, laisse sa place à *FW* qui picore les eaux grasses en sortie de cuisine.

Dans le brouillard, Glenn regarde les couleurs et les formes. Quand il a un peu de temps, que la lumière et les nuages et les ambiances sont là, il fait un tour avec son appareil photo. Ce n'est pas souvent. Mais il a toujours aimé ça, les textures, les trucs cotonneux ou ouatés. Avant de faire de la photo, c'était le dessin et l'aquarelle. Le mouvement surréaliste, les mélanges de matières. Bac option art plastique, et biologie. Et puis biologie seulement, dans l'idée de retrouver plus tard les arts en les appliquant à l'architecture du paysage. Mais en deuxième année de fac, à Vannes, des cours passionnants, en écologie notamment. Écologie numérique, dynamique des populations, et voilà, foutu pour l'art.

Un peu plus tard, en cinquième année d'université, à Rennes, Glenn se lance dans un stage dédié à la diversité génétique de la spartine, une plante des prés-salés. La spartine, c'est une sacrée histoire. Des hybrides se forment entre une espèce européenne et sa congénère américaine introduite accidentellement sur le vieux continent. Mais les deux espèces sont trop divergentes, ces hybrides sont stériles. Jusqu'à ce que l'imperfection des mécanismes du vivant conduise par erreur à une duplication du génome (le fameux ADN) chez un de ces hybrides, qui se retrouve ainsi avec deux génomes complets hérités de chacune des deux espèces parentales américaine et européenne. Dans ce cas précis, la duplication du génome procure à l'individu en question un avantage fulgurant. De stérile cet hybride devient tout à coup non seulement fertile, mais plus encore que les deux espèces qui lui ont donné naissance. Il se reproduit donc avec succès, et transmet cet avantage à ses descendants, qui le transmettront à leur tour. Observer et analyser les plantes dans les prés-salés de la baie du Mont-Saint-Michel conduit donc à comprendre comment fonctionne l'évolution : un tas de bricolages hasardeux, dont certains, parfois, conduisent à des innovations qui procurent un avantage et auront donc une chance accrue d'être transmis d'une génération à l'autre. En quelques mois de stage en cinquième année, on ne découvre pas tout ça. Glenn a contribué en décrivant la diversité génétique de l'espèce hybride sur les côtes européennes. C'est comme ça que fonctionne l'essentiel du travail : de toutes petites touches, les unes à côté des autres. Glenn a beau aimer le courant surréaliste, il contribue par petites touches à l'édification du tableau le plus réel possible de l'évolution du vivant.

Il a continué en doctorat, à Lausanne, toujours sur une histoire d'hybridation. Chez des animaux cette fois, les musaraignes. Mais que l'on ne s'y trompe pas, ça ne change pas grand-chose à l'affaire : Glenn a continué de regarder de l'ADN pour comprendre comment et pourquoi les espèces s'hybrident ou non.

Spartines de la baie du Mont-Saint-Michel, musaraignes suisses, et les mouettes alors ? Les mouettes viennent d'une conférence présentée par un passionné d'ornithologie, Adrian Aebischer, membre du GREA. Glenn se dit en sortant qu'il faudrait bien faire un peu de génétique sur cette mouette ivoire (les voies de la recherche sont imprévisibles, mais il faut tout de même décider du premier pas).

Après cinq ans de fac à Rennes et autant en doctorat à Lausanne, c'était foutu pour l'art, donc. Mais Glenn fait toujours un peu de photo. Pas mal, même. Avec sa compagne Emmanuelle Pouivé, un ou deux prix de photographie animalière aux festivals de Montier-en-Der et de Namur. Et Glenn illustre ses articles avec les plus belles figures.

Dans son humour aussi subsistent quelques traces du courant surréaliste.

25 juillet

Enfin une belle journée. L'avion aurait pu venir aujourd'hui... mais il est utilisé ailleurs, pour un vol régulier. Les Coréens et leur collègue danois restent.

Pour nous, visite de la colonie la plus proche. Compter les nids et les oiseaux un peu plus précisément que sur la photo aérienne. Les mouettes plongent en hurlant pour chasser les intrus. Assez courageusement, celles qui sont au nid y restent le plus longtemps possible.

Ici, les mouettes blanches nichent au sol, directement sur lit de gravier noir concassé par des milliers d'années de gel et de dégel. La glace en broyant la roche opère un tri : les débris se rangent, les petits au centre, les plus gros autour, et forment des figures géométriques, le sol polygonal.

Le sol n'est pas entièrement plat. Il y a des monticules, des dépressions, des névés, une rivière temporaire née de la fonte estivale. Les oiseaux nichent sur les bourrelets les plus hauts, d'où la vue sans doute est la plus claire. Mais même défendus par les cris des adultes, les nids semblent bien vulnérables.

L'isolement de la colonie est sa meilleure protection, bien que renards polaires et labbes soient capables d'immenses parcours. Je me dis qu'un ours de passage pourrait décimer la colonie en quelques coups de dents, même si pour lui quelques grammes d'os et de duvet ne valent peut-être pas l'énergie du déplacement. En juillet 2007, des collègues ont observé une colonie de mouettes quitter les lieux après qu'un ours se soit nourri de leurs œufs et poussins.

Les nids sont rudimentaires, peu épais, des galettes creuses faites de mousses, de fragments de saxifrage et de pavot. Il n'y a pas de sol, que du gravier libre de neige pendant une poignée de semaines, mais des végétaux ras sont adaptés à ce climat. Par endroits, la surface verdit et fleurit. Céraiste des Alpes, renouée vivipare, saxifrage à feuilles opposées, saxifrage cespiteuse, pavot arctique, saxifrage à flagelles, quelques mousses. Comme pour les oiseaux, lister les noms des plantes est mélodique. C'est le moment d'écouter : les listes s'amenuisent. Dans quelques générations nous conjuguerons bien des gammes au passé.

Il y a aussi un arbre : le saule arctique. Quelques dizaines, voire centaines d'années, pour faire pousser un tronc haut de quelques centimètres seulement. Ce qui fait dire à Glenn qu'en certains endroits, les mouettes blanches nichent en haut des arbres.

Quarante-quatre nids. Souvent deux œufs ou deux oisillons par nid, un peu plus que les comptages réalisés sur deux colonies en 2009. Soixante-douze oiseaux adultes. Ceux qui couvent, ceux qui veillent à proximité de leurs poussins suffisamment gros pour vagabonder, plus tous les conjoints partis chasser. Un certain nombre d'oiseaux fréquentent une ou plusieurs colonies sans pour autant participer à la reproduction. Pourquoi ne sont-ils pas reproducteurs ? Pourquoi ces *floaters* sont-ils malgré tout observés à proximité des nids ? Apportent-ils une aide quelconque aux couples reproducteurs ? Profitent-ils au contraire de nourriture volée ? Pour le savoir, nous avons besoin d'observer ce qui se passe sur les nids. La bonne distance est celle qui permet de lire les bagues à la longue-vue sans déranger. Observer qui est au nid, qui est partenaire. La réussite de l'opération dépend du nombre d'individus bagués. Lors de cette première visite : seulement cinq. Pour savoir s'ils sont bien les parents biologiques des jeunes dont ils s'occupent, il nous faut de l'ADN – et nous sommes généticiens, il nous faut toujours de l'ADN. Il faut que les poussins soient nés, mais qu'ils n'aient pas trop poussé. Sinon ils se baladent hors des nids, et il devient plus difficile de savoir quel adulte s'en occupe. Sans compter qu'ils fuient à notre approche. La course au poussin qui court droit vers la banquise n'est pas un sport que nous avons envie de pratiquer.

S'approcher, donc, des nids périphériques, manipuler les oisillons rapidement, poser une bague sur les plus gros, quelques tours d'écouvillon au creux de la joue pour tous, et s'éloigner pour laisser les adultes qui hurlent leur courroux reprendre leur place.

Les oisillons sont duveteux, ils nous réchauffent les mains. Est-ce que nos mains les refroidissent ? Il faut choisir un jour sec, chaud, sans vent.

Certains nids sont au stade œuf, six ou sept centimètres de vert olive moucheté de brun, d'autres au stade jeune poussin, immobile, d'autres encore contiennent des oisillons capables de se promener hors du nid, et enfin les nids déjà vides, et de gros poussins presque blancs qui galopent, nourris par les adultes en dehors des nids. L'opération devra être répétée dans quelques jours pour échantillonner les nouveaux éclos.

Ce soir-là encore cinq captures, assez tard. Les soirées ont l'air favorables, nous décidons pour demain de commencer les captures en milieu d'après-midi.

La saxifrage penchée.

26 juillet

Le brouillard est de retour.

Notre confinement pour cause de covid à Villum, le bâtiment scientifique de Station Nord, touche à sa fin. Le brouillard retarde encore et toujours l'arrivée de l'avion qui doit emporter à Longyearbyen nos collègues sud-coréens, plus quelques autres. Dans le même temps, d'autres scientifiques attendent patiemment au Svalbard de pouvoir nous rejoindre.

Nous décidons d'un grand nettoyage de Villum, que tout soit propre pour ceux qui finiront bien par arriver.

Villum Kann Rasmussen est né en 1909 sur Mandø, une île au nord du Danemark. Enfant, il aimait bien bricoler. Des récepteurs radio, notamment. Plus tard des études d'ingénieur, et puis un job chez Storr, fabriquant de toitures en verre. À l'été 1933, il rejoint pour trois mois, au titre de mécanicien et télégraphe, une mission d'exploration au nord-est du Groenland, alors terre débattue entre Danois et Norvégiens. Quelques années plus tard, il fonde l'entreprise *V. Kann Rasmussen & Co, Engineers, Contractors*, et l'année suivante met au point des fenêtres de toit capables d'équiper par exemple les greniers des écoles afin d'y installer des salles de classe. Structure extérieure en métal, cadre intérieur en bois, ouverture à bascule, dimensions standardisées. Deux lettres pour la ventilation, trois pour la lumière, VELUX. Quelques millions de fenêtres plus tard, l'une des fondations financées par l'entreprise contribue en 2015 à l'établissement de la station de recherche qui porte aujourd'hui le prénom de l'inventeur.

Comme décidé la veille, piégeage à partir de 16 h et en soirée, au moment où ça mord.

Résultat : rien.

27 juillet

Neige, grésil et vent.

Jusqu'ici le temps permettait qu'on reste dehors, à une quinzaine de mètres des pièges, sur une terrasse en bois, celle du bar. C'est l'été, et il ne fait pas spécialement froid cette année. Disons entre –2 °C et 10 °C pendant notre séjour.

Mais ce matin on se réinstalle à l'intérieur, avec jumelles et longue-vue. Le bar est le baraquement le plus proche de nos pièges, et il est rarement fréquenté en journée. La porte est lourde et bruyante, et peut faire fuir les oiseaux les plus farouches. L'un de nous reste donc souvent à l'extérieur pour déclencher la fermeture des pièges. On lui communique par radio les lectures de bagues, qu'il sache quel oiseau capturer, quel oiseau laisser aller.

Mais le nombre de nouveaux individus diminue, celui des individus déjà bagués augmente. Bientôt une capture, *FW*, qui n'arrêtait pas de faire des allers-retours ces derniers jours. Il se laisse prendre enfin. Bien que déjà bagué, nous souhaitions un échantillon sanguin de cet oiseau.

En début d'après-midi la neige s'intensifie, le sol blanchit. En plus des militaires de la patrouille Sirius, deux techniciens météo sont coincés au sol par le mauvais temps. Pendant les repas la discussion s'engage. Puis se poursuit au bar, où quelques-uns décident de passer la soirée. Dans le même temps, dans la même pièce, nous poursuivons notre surveillance à la longue-vue, et nos captures. Le volume de la musique monte, ça joue fort au billard, aux fléchettes. Il devient de plus en plus difficile de s'entendre à la radio. On passe au hard rock, et les Sirius attaquent le billot de bois à coups de marteau. Il s'agit d'enfoncer son clou en premier. Pas petit, le clou. Je n'entends plus la radio, la neige fondue couvre de plus en plus la fenêtre qui nous sert d'observatoire, le piégeage se poursuit dans une ambiance surréaliste. Je me dis que Glenn, dehors, impassible sous le grésil, est dans son élément.

28 juillet

Quelques centimètres de neige ont tout recouvert d'un drap blanc. Le couvert est mis sur cette nappe propre. Un nouveau morceau de phoque, auquel s'ajoutent des signaux visuels de haute altitude (du salami, quoi). Le tout est rangé chaque soir dans des sacs plastiques de plus en plus graisseux au fil des manipulations. Rangé également chaque fois que les chiens sont détachés pour leur balade quotidienne.

La graisse de phoque n'a pas une odeur insoutenable, mais elle est tenace. Elle s'accroche à tout ce qu'elle frôle. Nos mains et nos gants sentent le phoque, qui sent le poisson.

La mouette blanche, dont l'éclat se révèle enfin pleinement sur ce fond de neige, dont les habitudes de vie plus nord que tout autre oiseau force notre admiration et notre intérêt, dont l'endurance et la virtuosité en vol nous laissent cois... eh bien, la mouette blanche pue.

Ce n'est pas tout à fait vrai. En vérité, on ne sent rien dans l'instant, mais son odeur imprègne nos gants, nos mains, nos vêtements, notre matériel de capture. En vérité c'est certainement réciproque. Lorsqu'on les libère, les mouettes filent droit au plan d'eau le plus proche et passent un bon moment à s'ébrouer. Elles s'y lavent probablement de notre odeur infecte d'*Homo sapiens*.

En fin de matinée, deux individus finissent par se mettre à table. Il pleut, en quelques minutes tout est trempé : cahier de notes, pesons, sacs en toile, règle, pied à coulisse, boites de bagues, matériel de prise de sang, et nous avec. On se met alors à l'abri, on se change, on sèche et on mange bien au chaud, bien tranquille. Mais... et les oisillons ? Pluie et neige se relaient depuis 48 heures, on imagine les jeunes oiseaux geler sur place.

L'éclat de la mouette blanche ne se conçoit vraiment que sur fond de ce que l'on croyait connaître de plus blanc avant elle.

Après-midi : visite du goéland bourgmestre.

La mouette de Sabine porte le nom de Monsieur Sabine. Le goéland de Ross celui de Monsieur Ross. C'était comme ça, en Arctique, à la fin du XIXe siècle. Anciennement la mouette ivoire a aussi été appelée goéland sénateur. Nous ne savons pas pourquoi. Sans doute le même gars a-t-il nommé le goéland bourgmestre. Nous ne connaissons pas l'origine de ces noms, ni s'il y eut d'autres échelons dans cette nomenclature politique. Quoi qu'il en soit, cet après-midi, le goéland bourgmestre rôde. C'est un oiseau imposant, l'un des goélands les plus grands.

Soirée piégeage : *WU* s'obstine, on perd du temps à le chasser. Mais cet oiseau habitué, c'est aussi l'occasion de prises de vue.

La pluie a cessé, on espère du meilleur temps. Il en faut pour retourner observer les colonies, et s'attaquer à l'échantillonnage nécessaire pour notre étude du réseau trophique.

Il nous faut du temps.

Du temps. Je vois tout à coup plus nettement les contours d'une idée jusque-là un peu floue et qui m'encombrait. Depuis deux jours déjà nous avons dépassé la moitié de la durée prévue de notre mission : 22 jours, inclus les jours d'arrivée et de départ. Vingt-trois captures en tout jusqu'à présent, le bilan à mi-parcours est bon.

Vingt-trois captures. Vingt mâles, trois femelles. Depuis que nous avons appris à sexer les oiseaux adultes, à l'aide de leur poids, de mesures crâniennes, et de leur ADN, nous observons cela. Un très fort excès de mâles. Nous nous demandons pourquoi, et quelles sont les conséquences de ce déséquilibre sur la dynamique future des populations.

29 juillet

On piège sous la pluie depuis le matin. Il est temps que cela s'arrête, qu'on puisse passer à la suite du programme. Retourner à la colonie. Aller voir l'autre. Filtrer l'eau douce et l'eau de mer en différents points. Chasser plancton, invertébrés, poissons, et jusqu'à l'omble chevalier dans un lac un peu plus loin.

Enfin une capture juste avant le dîner.

30 juillet

Le ciel est dégagé. Encore une journée de piégeage, le temps pour le soleil d'assécher le sol et de réchauffer tout le monde sur les colonies. Demain, on pourra y retourner.

Ici on utilise peu le nom des jours, les nuages ont la maîtrise de l'emploi du temps. Il faut savoir, quand même, si on se réveille un samedi ou un dimanche : les heures des repas sont un peu différentes ces deux jours-là. Moi je ne sais jamais, je demande et oublie aussitôt.

L'heure serait facile à oublier également. Il fait jour, et si la course du soleil dans le ciel nous renseigne un peu, la luminosité reste toujours forte. On ressent différemment la fatigue. Elle tombe un peu sans prévenir. Le corps ne sait plus qu'il est bientôt l'heure de se coucher, alors il ne dit rien, et puis soudain ferme les yeux.

Aujourd'hui cependant il faut surveiller et l'heure, et le jour. C'est le samedi d'une semaine spéciale, celle qui contient le 24 juillet. Cinq mois exactement avant Noël.

Sauf en juillet-août, les militaires se relaient pour faire la cuisine, une semaine chacun, à tour de rôle. L'un d'entre eux sera donc de service la semaine du 24 décembre, et il devra sérieusement assurer ce soir-là. Alors il doit apprendre sa recette, et ça se passe aujourd'hui, le samedi de la semaine du 24 juillet. La cheffe répète avec lui la préparation du repas de Noël. Donc ce soir à Station Nord, c'est Noël. Repas traditionnel danois, mais aussi sapin, décoration, tables enguirlandées, cravates et autres déguisements. Serre-tête bois de rennes, grenouillère-ours, et bien pire. L'autodérision a du bon. La répétition de Noël est parfaite. Le réveillon, le vrai, se passera bien.

Station Nord. Devant le baraquement de la cuisine, le terrain de chasse où nous installons nos filets.

31 juillet

La vie en Arctique est difficile, imprévisible. Maintenir ce qu'il faut de chaleur sur un nid posé au sol, quelques semaines en juillet-août. Quelques semaines pendant lesquelles il n'y aura pas trop de pluie, pas trop de neige, surtout pas de tempête. Trouver une surface libre de neige. À portée d'aile, une zone d'eau de mer libre de glace, suffisamment riche, poissonneuse. Un endroit pour nicher qui doit être inaccessible, éloigné des prédateurs. Surtout pas de renard polaire.

Allongé derrière un téléobjectif pointé sur la colonie, Guillaume ne m'a pas cru. Alors je répète. Il pense que je plaisante, c'est logique. Glenn, de son côté, a entendu un craquement sur la glace, en arrière. Alors il se détourne de la longue-vue et voit tout de suite.

Depuis dix ou quinze minutes, la journée d'observation a enfin démarré. Retour sur la colonie dont nous nous sommes déjà approchés une fois il y a maintenant six jours. On surveille la brume qui s'avance depuis la banquise, portée par un peu de vent d'est. Ça ne fait pas notre affaire, on aurait préféré le soleil et une visibilité parfaite. Je surveille le fog d'un œil distrait, mais la fourrure blanc crème qui s'avance en bordure de banquise est soudain parfaitement visible.

Sur la banquise, dans la brume, invisible. Dans quelques minutes cet ours sera sur l'une des colonies étudiées.

On estime à environ 250 mètres la distance qui nous sépare de cet ours imposant (400 mètres, en réalité), et il marche sur la banquise parallèlement au rivage, quand nous sommes sur la terre ferme un peu plus haut. Mais on devine l'animal intéressé par la colonie que nous observons juste à côté, et puis il y a foule aujourd'hui, plusieurs groupes de scientifiques sont sur le point de partir sur le terrain dans différentes directions. Deux Finlandais partent cueillir des bactéries sur des fleurs, une paire italo-australienne entend grimper sur la calotte glaciaire pour y cueillir des sédiments dont ils mesureront la radioactivité, il y a aussi des Norvégiens que nous n'avons pas encore rencontrés, un groupe de Canadiens et d'Américains qui viennent d'arriver... Prévenir rapidement tout ce monde de la présence de l'ours dans les parages nous semble prioritaire. Et de toute façon, à part Guillaume et Glenn qui n'en sont pas à leur coup d'essai, on n'en mène pas large. Pas large du tout. Quelques secondes pour voler une photo, refaire les sacs, et nous commençons à nous replier en direction de la station, deux kilomètres plus haut.

Derrière nous, l'ours fait encore quelques pas sur la banquise, puis il oblique vers la terre ferme. Et file droit sur la colonie.

Les oiseaux plongent en escadrilles, tentent de chasser l'intrus à grands cris comme ils ont la semaine passée tenté de le faire à notre approche.

Ils tentent l'impossible.

L'ours va et vient dans les replis de terrain. Sa fourrure crème resplendit au milieu de ces petits terrils de pierre noire.

Il est gros. Depuis la station, à deux kilomètres et trois cents mètres exactement, on le voit à l'œil nu. À la jumelle on le voit fureter à son rythme, d'un nid à l'autre. À la longue-vue on le voit se nourrir.

On imagine le massacre, et puis l'ours s'en va. Sa démarche lente, nonchalante, le porte à une vitesse stupéfiante. Il est déjà loin, il longe à nouveau la banquise, continue vers l'est.

Et puis il revient pour le second service. Il est maintenant 16 h 40, à nouveau on assiste au spectacle, les mouettes volent, hurlent, crient, plongent, puis se posent enfin, l'ours est parti à nouveau.

Les oiseaux sont éparpillés sur une surface bien plus vaste que la petite zone dans laquelle les nids étaient auparavant disposés. Des poussins sans doute se sont enfuis en tous sens, et les adultes les rejoignent. Ils peuvent continuer à les nourrir, si les poussins survivent au froid. Nous ne savons pas vraiment s'ils sont capables de rassembler les jeunes et de reformer la colonie.

L'ours poursuit sa route, vers l'ouest, cette fois. Dans quelques minutes, il tombera immanquablement sur l'autre colonie, celle que nous n'avons pas encore pu aller voir de près. Vue du ciel elle nous apparaissait particulièrement belle, triangle noir entouré de banquise, avec ses bassins de différentes teintes, à la pointe de la péninsule qui porte Station Nord. Pour ne pas risquer de précipiter les poussins affolés dans ces bassins colorés, nous nous sommes jusqu'à présent abstenus de nous approcher.

À 17 h 35 l'ours y est. Nous avons quitté notre terrasse habituelle pour un poste d'observation un peu plus haut, au sommet d'une tourelle d'où toute la péninsule est visible quand le temps est clair.

Il l'est.

L'ours est maintenant à un peu plus de trois kilomètres, toujours bien visible à la longue-vue. Et il poursuit son travail dans la colonie. Nous avions compté 50 à 55 nids, d'après nos photos aériennes, à raison d'un ou deux petits par nid.

Le temps passe, le soleil se rapproche du nord, la lumière se réchauffe, l'ours prolonge sa déambulation et redescend maintenant sur notre flanc gauche, à l'ouest, toujours sur la banquise le long du rivage. Et puis il quitte la banquise, s'étire de tout son long sur le gravier, allongé sur le ventre, comme pour reposer ses reins fatigués de porter toute la journée cette énorme panse ronde.

Fin juillet il est fréquent que la banquise soit par endroits fissurée, parcourue de fractures longues de plusieurs kilomètres. Dans ces ouvertures, l'eau est libre. Mais pas cette année. Cette année il n'y a qu'une toute petite zone d'eau libre, longue de quelques dizaines de mètres, juste au bord. Pour la désigner entre nous, à la jumelle, le mot « mare » convient. Quand l'ours arrive là, il s'y baigne. Nage un peu, dans un sens, puis dans l'autre, soudain plonge sous la surface comme un canard, ressort et replonge aussitôt. Je ne savais pas que les ours, même *Ursus maritimus*, aimaient tant nager sous l'eau.

Mais la vie dans l'Arctique est difficile, et l'ours n'est pas là pour prendre un bain. Quand il ressort de l'eau au bout de quelques secondes, il tient dans sa gueule un phoque sombre, de petite taille. Il le hisse hors de l'eau et le mange en quelques minutes. Dix, peut-être ? Nous n'avons pas eu le temps de compter.

Presque aussitôt les mouettes rappliquent. Mais elles ont été une minute plus lentes que le goéland bourgmestre qui est déjà là. Trois fois plus gros, sans respect pour le protocole politique, il fait la loi, chasse les sénateurs, puis s'éloigne avec un morceau et laisse la place aux mouettes qui par une ironie terrible profitent maintenant du travail de leur tortionnaire.

Sans rancune. Sénateurs, bourgmestres, ours et phoques suivent la même loi de la jungle arctique.

L'ours s'est éloigné de quelques mètres, il se roule sur le dos, fait des cabrioles sur la glace comme l'ours bien pansu qu'il était déjà et qu'il est maintenant un peu plus encore. Il est vraiment gros, l'animal.

Gros ou pas, on ne comprend pas comment il a pu battre un phoque à la course sous l'eau, et on ne comprend pas comment ce phoque a pu se retrouver dans cette mare aux canards.

On ne comprend pas grand-chose.

Nouveau demi-tour, et l'ours repart vers le nord. Cette fois on abandonne la vigie, on sait ce qui attend, encore, notre chère colonie d'oiseaux blancs. La vie dans l'Arctique est difficile et c'est comme ça. L'ours n'échappe pas à cette règle et est capable de prouesses. Chasser le phoque est sa spécialité, la banquise est son royaume. Sous son air tranquille, des milliers de kilomètres défilent. Tant qu'il y a la banquise, il règne. Le reste du monde doit faire avec. Les mouettes doivent faire avec. Nicher là et accepter une fois ou l'autre le passage dévastateur du maître, ou nicher ailleurs, dans un lieu plus inaccessible encore, sur la calotte glaciaire, par exemple. En 2018 et 2019, et peut-être même jusqu'à l'année dernière, elles nichaient là-haut, sur des lits de sédiment poussés par la glace. Les *Glenn Hills*. Trop difficiles d'accès pour nous. Si l'année prochaine elles décident d'y retourner, elles auront réussi leur coup : elles seront tranquilles.

Reste une question : pourquoi n'y sont-elles pas restées ? Les conditions de température et de vent y sont-elles moins favorables ? Comment se fait le choix d'un emplacement ? Comment un groupe prend-il une telle décision ? Combien d'oiseaux changent-ils de groupe d'une année à l'autre ? Nos premières analyses génétiques nous avaient laissés penser qu'au moins une petite partie des adultes passe parfois d'un groupe à un autre entre deux saisons de reproduction. Difficile de dire combien. Nous ne savons pas non plus comment se forment les couples. Ni comment les jeunes se joignent à une colonie, à leurs deux ans, pour leur première reproduction.

1er août

On est prêts. Longue-vue, trépied, pompe portative pour filtrer l'eau qui commence à s'accumuler en bordure de banquise, trousse à dissection pour échantillonner d'éventuels cadavres de poussins, matériel photo et vidéo, fusil et pistolet lance-fusée, etc. On va aller constater les dégâts.

Au petit déj', un militaire nous renseigne. L'ours est toujours là, exactement au mauvais endroit pour nous, quelque part entre les deux colonies.

La vie en Arctique rappelle un peu la vie en mer. On fait en fonction du temps, des nuages, du vent. On s'adapte. On fait attention. On regarde où on met les pieds, et on écoute les conseils.

On attend que l'ours nous laisse la place. Pour l'heure, il est au beau milieu de la colonie la plus à l'est, celle où il nous a surpris la veille. Il est 8 h 30, on ne peut qu'observer et attendre.

Lassé enfin, l'ours s'éloigne, toujours vers l'est, et disparaît. Quelques minutes plus tard il réapparaît tellement loin dans nos jumelles qu'on se demande si c'est bien le même. Une question intéressante. Mais non, l'allure tranquille de l'ours trompe son monde, il va à très grands pas.

Nous avons maintenant rejoint la colonie, en restant à bonne distance pour ne pas parachever le traumatisme des oiseaux qui nichent encore. Il y en a, malgré tout. On compte 16 poussins, à l'intérieur ou hors des nids. Mais la plupart sont bien dispersés tout de même. Ceux-là survivront-ils ? L'ours a soigné le travail.

Un peu plus bas, où la terre laisse place à la banquise, on filtre quelques litres d'eau libre, vraisemblablement de l'eau douce qui stagne là comme la glace fond. Ce n'est pas encore la mer. On renouvellera en soirée les filtrations de l'autre côté de la péninsule, à l'ouest de la station, dans la mare où le phoque hier n'a pas su échapper à l'ours. Là on essayera également de traîner notre filet à plancton, mais on ne peut aller bien loin, et le traîner à l'horizontale ne nous rapporte que du sédiment fin. Les conditions ne nous permettent pas vraiment de faire mieux cette année. Il nous faut un meilleur accès à la mer.

Nous serons plus chanceux à la ligne : un chaboisseau qui traînait sans doute sur le fond se laisse hameçonner par le dos. Il repartira avec un petit fragment de nageoire en moins. Cela suffira pour nos analyses isotopiques, et pour la vérification de l'espèce par une analyse de séquence d'un fragment d'ADN (il se pourrait bien que notre chaboisseau soit en fait un tricorne arctique). Sur notre lancée, nous poursuivons l'échantillonnage des poissons dans la chambre froide des militaires : morue arctique, omble chevalier, et, dans le congélateur réservé aux chiens, un peu de phoque.

Le reste de la soirée est consacré aux prises de vue aériennes de la station. Patiemment, Guillaume depuis le début de la mission tourne et trie des vidéos qui bout à bout devraient donner un bon aperçu de notre travail ici. Guillaume est tombé tout droit dans les oiseaux quand il était petit, sans préavis ni explication. Ou bien si, peut-être qu'un de ses grands-pères l'y a aidé un peu, à lui parler d'oiseaux de mer lors de leurs pêches à pied. Un peu juste pour entrer en DEA[1] après sa maîtrise, il y est appelé au dernier moment, deux jours avant la rentrée, et aura pour stage de fin d'études celui dont personne ne veut : la sélection sexuelle chez l'escargot petit gris. Il n'empêche, Guillaume est optimiste, et le sujet est bon (la sélection sexuelle concerne tout ce qui procure un avantage dans la compétition pour la reproduction : outrancièrement résumé, c'est une des forces majeures qui dirigent le monde vivant, sociétés humaines comprises). Puis il file à Lausanne apprendre la génétique des populations auprès d'un fin connaisseur de

1. Diplôme d'Études Approfondies. L'équivalent de notre master 2 actuel (cinquième année d'université après le bac).

la discipline. Là-bas, il poursuit aussi la photo animalière, une passion qui lui colle au corps depuis qu'il pense aux oiseaux, sans qu'on sache bien pourquoi. Peut-être que le grand-père qui lui a donné son reflex n'y est pas étranger.

Glenn n'a pas eu à croiser son chemin, ils ont suivi des voies parallèles. Du lycée breton au doctorat suisse, c'est peu banal. Alors, bien sûr, Guillaume finit par rejoindre le projet mouettes ivoires, parallèlement à son travail au sein de l'INRAE sur les poissons anadromes (qui naissent en rivière puis grandissent en mer avant de revenir à l'eau douce pour s'y reproduire). Les poissons, il est aussi tombé dedans depuis longtemps. La faute, sûrement, au grand-père.

2 août

Trente-cinq adultes dispersés, huit jeunes, c'est ce que nous arrivons à compter sur la colonie dont nous nous approchons pour la première fois, au bout de la péninsule. Environ cinquante à cinquante-cinq nids avant le passage de l'ours, d'après les photos aériennes fournies par le drone dix jours plus tôt. Mais nous sommes encore loin, peut-être 400 mètres, perchés sur un tout petit promontoire pour ne pas déranger.

Nous ne sommes pas les seuls, perchés ici. Il y a neuf nids anciens, inutilisés. Quelques restes de mousse, on distingue tout juste la forme des nids. Les mouettes ivoire utilisent donc cette région depuis longtemps. On voit là plusieurs pelotes de poil gris d'où émergent une ou deux mandibules de lemming. Des pelotes de réjection, de mouette sans doute, même si on évoque tout de même la chouette harfang ou le faucon gerfaut, qui auraient pu peut-être par le passé utiliser ce promontoire, bien avant nous. À Station Nord, une équipe américaine en escale avant de rejoindre son site d'étude nous propose de dater les nids de mouettes que nous pourrions échantillonner. Dans un brin de mousse ou de saxifrage, une plume, dans tout ce qui contient de la matière d'origine vivante, compter le nombre de neutrons dans les atomes de carbone. Combien reste-t-il de carbone à 14 neutrons ? Un peu plus au sud et à l'ouest, le faucon gerfaut s'installe pour nicher. Il ne construit pas vraiment de nid, mais réutilise génération après génération les meilleurs sites, qui finissent par se couvrir d'un monticule de guano. Alors combien de carbone 14 à la base de ces monticules, qui peuvent dépasser le mètre de hauteur ? Une équipe s'est posé la question, et a estimé l'âge de certains échantillons à plus de... 2 500 ans. Alors combien pour nos nids de mouettes ? Pour les pelotes de réjection trouvées à côté ? Les réponses à ces questions nous permettent d'apprendre les périodes d'occupation des espèces par le passé. En discutant avec des spécialistes des climats anciens, essayer de comprendre comment évoluent les aires de distribution des espèces en fonction des changements climatiques naturels. Nous ne sommes pas équipés pour réaliser un échantillonnage minutieux de ces nids anciens, mais on pourrait s'y préparer pour une prochaine mission ici.

Pas d'ours en vue pour le moment. On n'a pas vraiment envie de le revoir ici, coincés au bout de cette pointe entourée de banquise.

Le vent est faible, mais glisse lentement sur la glace de mer avant de passer sur terre. Le soleil est chaud. Le fond de l'air est froid.

L'après-midi nous nous dirigeons encore une fois vers l'autre colonie, en suivant la banquise. On en profite au passage pour poursuivre l'échantillonnage de quelques échelons du réseau trophique : un poisson très petit qui doit être un juvénile de tricorne ou de chaboisseau, quelques amphipodes (des crustacés d'un centimètre tout au plus, que l'on voit nager tout près du bord), encore un peu de microalgues ou de débris récupérés en filtrant l'eau.

Entre les deux colonies on aperçoit un poussin entouré d'adultes, loin, très loin sur la banquise, à plus d'un kilomètre probablement. Les adultes chassent un goéland bourgmestre qui semble s'intéresser au poussin d'un peu trop près. Déjà ce matin rodaient autour de la colonie un labbe à longue queue et une mouette de Sabine, sans que l'on sache trop si l'un ou l'autre était à l'affût d'un œuf ou d'un poussin abandonné.

En arrivant finalement sur la colonie à l'est, un cadavre de poussin, déjà gros, pas très loin de l'envol. Aucune trace de blessure, il a couru et s'est retrouvé à l'eau, en bordure de banquise, et est mort sans doute de froid et d'épuisement. Nous n'en trouverons pas d'autres.

Suffisamment grand pour échapper à l'ours en courant, mais pas à la morsure du gel.

L'ours a fait selon nous au moins trois passages dans chacune des deux colonies, en vingt-quatre heures environ. D'après les photos aériennes et nos observations sur le terrain, on estime qu'il y avait avant le passage du prédateur 80 à 100 jeunes sur la colonie à la pointe de la péninsule, et entre 70 et 85 sur la seconde colonie. Ces chiffres après tombent à sept et seize, respectivement. En gros, l'ours aurait mangé ou éparpillé entre 80 et 90 % des jeunes. Du beau boulot.

3 août

De place en place, il y a des huttes. Des abris de bois, posés alentour pour le plaisir de ceux qui à Station Nord ont un ou deux jours de perm', ce qui n'arrive pas souvent.

La plus proche est près d'un lac.

À Station Nord, on ne s'emmerde pas avec les noms, pour les lacs. L'étang autour duquel étaient logés les chiens, du temps où ils n'étaient pas deux, mais une quinzaine, ici, l'été ? Le *dog lake*. Le lac dont on tire notre eau potable, à Station Nord ? Le *drinking water lake*, généralement raccourci en *water lake*. Le « lac d'eau », il fallait oser. Et le petit lac glaciaire, à une dizaine de kilomètres d'ici, où l'on peut pêcher l'omble ? Le *fishing lake*.

Alors au *fishing lake*, il y a une hutte. Pour marcher un peu, pêcher, passer la nuit. Quatre murs en bois, quatre couchettes de bois, une table en bois, un poêle à pétrole. Une hutte, c'est aussi un refuge, la sécurité. Des sacs de couchage, des réserves de nourriture, de pétrole, une pelle à neige, de quoi réparer, ficeler. Cuisiner, presque.

Il y a en contrebas, dans une petite gorge de glace, la rivière, qui se déverse du lac et le relie à d'autres rivières le long de la calotte glaciaire et jusqu'à la mer quelques kilomètres plus loin. Par cette rivière est arrivé l'omble chevalier. Les ombles sont intéressants. Comme d'autres parmi leurs cousins poissons, dans les lacs ils peuvent adopter différentes stratégies. Rôder plutôt sur le fond, se nourrir là d'invertébrés benthiques, stratégie 1. Manger plutôt de petits organismes en pleine eau, le zooplancton, stratégie 2. Ou bien encore, chasser le plus gros, adopter un régime piscivore et se nourrir de ses congénères, stratégie 3. Et pour finir, carrément fuir ce lac par la rivière, passer l'hiver, ou plusieurs, tout en bas en mer, et puis remonter là pour frayer, stratégie 4.

Ces poissons stratèges diffèrent, en apparence. La taille du corps, la forme de leur bouche, de leurs dents, de leurs yeux. Et puis on peut le savoir aussi aux stries de croissance sur leurs écailles, et celles des petits morceaux de calcaire contenus dans leur oreille interne et qu'on appelle otolithes.

Alors ces poissons sont-ils tous frères ? Est-ce que leurs différences se décident en fonction de leurs choix, ou bien sont-elles déterminées par des variants génétiques ? Est-ce qu'ils se reproduisent aléatoirement, ou entre partisans d'une même stratégie uniquement ? Sont-ils à l'aube de former quatre espèces distinctes, dont les membres ne seraient plus capables d'hybridation, ou au contraire en train de fondre en un seul groupe, avec une stratégie optimale, sans plus de variation ni de formes ni de gènes ?

Guillaume à Rennes travaille notamment sur ces questions-là, avec d'autres poissons. Alors depuis son dernier passage ici, en 2019, il planifie une ou deux journées au *fishing lake*, voir si un projet de recherche est envisageable.

Un projet dans le projet, dit Glenn.

Il y en a d'autres, qui s'entrecroisent. Ainsi la récolte de saxifrages autour de Station Nord, qui iront rejoindre à Chambéry les échantillons de flore alpine pour un travail sur la biodiversité associée à ces plantes qui forment des coussins et donc un petit écosystème qui accueille tout un monde. Ainsi la recherche de bois de rennes ou d'ossements anciens qui iront rejoindre en Norvège les échantillons nécessaires pour déterminer d'où sont venus les rennes qui peuplent aujourd'hui l'archipel du Svalbard. Ont-ils traversé depuis le Groenland, à un moment où l'océan Arctique était de glace (et où les rennes étaient plus nombreux au Groenland) ? Ou bien plutôt des îles russes ? Une chercheuse française au Svalbard se pose ces questions, elle court les espaces sauvages à la recherche d'ossements anciens.

Et dans le projet mouettes, le projet ombles, donc, peut-être.

Aujourd'hui nous partons donc pour le *fishing lake*, après avoir attendu toute la matinée que le brouillard se lève.

L'objectif est d'attraper les poissons, d'abord. Et puis les observer, mesurer, peser, échantillonner quelques écailles, quelques fragments de nageoire, les remettre à l'eau. Ces échantillons serviraient à récolter des résultats préliminaires sur la variation de formes (les mesures), de patrimoine génétique (les morceaux de nageoire), de régimes alimentaires (les écailles, pour les isotopes de l'azote et du carbone, encore). Et donc déterminer si le site est intéressant pour une étude complète, basée sur un plus gros effort d'échantillonnage.

C'est aussi l'occasion d'une belle marche, d'une nuit ou deux dans la hutte. Du haut d'un petit sommet, la baie se découvre, enfin un peu de mer libre entre la terre et la banquise.

Le lac près de la hutte cette année n'est pas assez dégelé. Les poissons sans doute sont encore coincés dans la partie profonde du lac, sous la glace, sans accès aux bords. Donc ce soir, pas de poissons.

Mais deux plongeons catmarins, deux sternes arctiques. Et puis une nuit dans la hutte que l'on chauffe quelques instants. On dépasse vite les trente degrés, dans ce carré de bois.

4 août

Nouvelle tentative au lac. Pas de poisson.

On cherche ce matin un autre lac, repéré la veille lors d'un vol de drone. Plus petit, mais moins congelé. Partis trop à gauche, on bute sur une petite vallée. Derrière elle, une falaise qui annonce la calotte glaciaire. Mais juste avant le glacier géant du Groenland se cache encore une seconde vallée, invisible sauf pour les oiseaux. Un duo de collègues italien et australien l'a découvert la veille à leurs dépens ; ils ont marché jusque-là, passé les deux rivières, grimpé sur la calotte glaciaire pour y trouver les sédiments qu'ils étaient venus chercher. Sur l'un de leurs trajets, les grosses pattes de l'ours recouvrent leurs empreintes. Ça aide à grimper vite, et à vite s'en retourner.

Mais pas d'ours pour nous, et dans le lac que nous rejoignons finalement… pas de poissons. La profondeur y est faible, sans doute trop pour que l'eau ne gèle pas entièrement en hiver.

Sur le chemin du retour vers Station Nord, nous longeons la baie aperçue la veille depuis les hauteurs. Ici, dans l'eau libre… pas de poissons.

Trois ans plus tôt, sur le même trajet, Guillaume et Glenn avaient trouvé un nid de sterne arctique abandonné. Deux œufs froids. Cette année, deux œufs froids de goéland bourgmestre. Un adulte d'ailleurs semble nous tenir à l'œil alors que l'on se penche sur ce nid. Comme s'il n'était pas tout à fait résigné à l'abandon. On imagine son partenaire disparu. La vie ici n'est pas plus facile qu'ailleurs.

Au bord du fishing lake.

5 août

Dernier jour.

Empaqueter, ranger, imaginer la prochaine. Avec un œil sur les nuages bas, qui empêchent aujourd'hui les glaciologues allemands arrivés la veille de voler pour mesurer l'épaisseur de la glace à bord de leur DC-3 spécialement aménagé. Les nuages bas qui pourraient empêcher notre avion Dornier d'arriver demain.

Les premiers jours, nous n'avions pas vraiment pris la pleine mesure de l'activité aérienne dans le secteur. Jusqu'à quatorze atterrissages ou décollages dans la journée, pendant notre séjour sur place. Les Dornier 228 de *Lufttransport* qui vont et viennent à la demande, entre Longyearbyen et Station Nord. Les Twin Otter, bien sûr, qui sont les plus polyvalents, transportant hommes, chiens et équipement un peu partout, vers un refuge de la patrouille Sirius, une station scientifique, une station météo, un campement, un site d'atterrissage pour faire le relais avec un hélicoptère qui ira atterrir plus loin, en un lieu encore plus difficile d'accès. Un des pilotes de Twin rencontré sur place nous dira qu'il y a 300 sites d'atterrissage référencés au Groenland. Lui en a utilisé 600.

Il y a encore le King Air, un autre type de petit avion polyvalent que l'on a aperçu une ou deux fois. Et puis les Douglas DC-3, des engins qui datent de la Seconde Guerre mondiale, plus construits depuis 1945, nous dit-on. Mais toujours en activité dans le Grand Nord, entre autres, où la fiabilité de la machine donne confiance.

Le Lockheed C130 Hercules, pour terminer. Un gros-porteur militaire qui ravitaille la station ou passe simplement faire le plein pour aller plus loin.

Il y eut même, paraît-il, l'atterrissage imprévu d'un gros avion de ligne en difficulté. La piste est bonne.

Ce va-et-vient aérien à moteur, auquel nous contribuons, interroge. Combien de tonnes de carbone en l'air, pour notre mission ici ?

6 août

Dernière heure.

L'avion est en chemin. Avec nous partent les Finlandais et leur récolte de bactéries, la paire italo-australienne et sa récolte de sédiments. Les Allemands mesureurs de glace restent. D'autres arrivent. Le travail se poursuit.

Le Groenland est un endroit rare : il y a peu d'habitants relativement à l'espace immense de ce pays, car les quatre cinquièmes de sa surface sont glacés. Et puis il y a des visiteurs, des gens comme nous de passage pour quelque temps, qui viennent de loin et sont finalement assez peu nombreux. Le Groenland reste une terre d'exception, y mettre les pieds un privilège, quel que soit le chemin emprunté.

Quel chemin ? Je n'ai pas suivi les routes parallèles de mes deux collègues. Mais je les ai ratés de peu à Rennes, d'où ils partaient pour rejoindre l'université de Lausanne, tandis que j'arrivais pour démarrer un doctorat sur la martre américaine.

La martre américaine... mais enfin, pourquoi ? Le hasard des études et des rencontres, lumineuses parfois. Un ornithologue canadien qui s'appelait Jamie Smith, par exemple, et qui me donna rendez-vous contre toute attente sur une petite île déserte à côté de l'île de Vancouver, histoire de discuter un peu. J'étais dans le coin, partiellement clandestin, totalement désœuvré, à attendre que ma compagne termine son stage de troisième année. J'avais envoyé des mails un peu au pif à plusieurs chercheurs de Vancouver.

Mr Smith se rendait sur une petite île en kayak (6 h de traversée tout de même), d'où l'une de ses étudiantes ne donnait plus signe de vie depuis un certain temps. Elle campait là-bas sur cette toute petite île pour essayer de comprendre le partage de l'habitat entre trois compères : la loutre, le raton laveur et le vison. Elle faisait pour cela chaque jour le tour de l'île en kayak. Soit le matin, soit en milieu de journée, soit à la tombée de la nuit.

Je me suis dit : les projets de recherche, au Canada, ont de la gueule.

En guise de discussion, le type m'a filé son kayak, que je fasse le tour de l'île moi aussi ce soir-là. Observer les loutres, les visons. Les phoques qui viennent voir de plus près qui va là. Et puis après que le soleil s'est couché derrière la chaîne de montagnes de Vancouver, les diatomées fluorescentes à chaque coup de pagaie.

Ce type et son étudiante m'ont bien eu, je ne pouvais plus quitter ce pays-là. Alors un an plus tard je suis revenu, en Ontario cette fois, dans le cadre d'un projet sur un petit mammifère forestier plus ou moins dérangé par l'exploitation forestière. C'était ça la question : plutôt plus ? ou plutôt moins ? J'ai proposé pour mon doctorat une approche génétique à l'un des aspects du projet, pour essayer de comprendre ce que la diversité génétique peut nous apprendre sur l'effet de l'exploitation forestière sur la dispersion de l'espèce (la distance parcourue par les individus entre leur lieu de naissance et leur lieu de reproduction).

Et avant ça, pourquoi des études de biologie ? À mon avis cela vient des balades sur la plage, le nez penché sur le sable, à se demander bon sang d'où viennent tous ces coquillages et pourquoi ils sont si différents les uns des autres. Je pense que c'était ça, la raison.

Je pense que ça l'est toujours.

En fin de thèse, je n'étais pas satisfait. Je n'arrivais pas à vraiment comprendre les processus génétiques que j'analysais. Il me fallait rejoindre une équipe calée en théorie. Ce sera le labo de Nicolas Perrin, à Lausanne, où un collègue rennais, Éric Petit, avait passé deux années avant de s'installer à Rennes et de faire l'éloge des équipes lausannoises auprès de jeunes gars motivés. Des gars en cinquième année de fac. Guillaume Evanno. Glenn Yannic. Ils ont suivi son conseil, comme je le ferai à mon tour trois ans plus tard. Ce conseil précieux parmi bien d'autres dont nous lui sommes tous trois redevables.

J'arrive donc à Lausanne, y rencontre enfin ces deux Bretons, et bien plus encore. Je vais à cette conf' avec eux. Il y avait de bonnes raisons d'explorer la diversité génétique de la mouette ivoire, alors pourquoi pas ?

Alors tout compte fait, on a fait quoi, ces dernières semaines, au nord du Groenland ? Et pour quoi faire ?

Il y a des choses immédiates, concrètes, et d'autres qui prendront plus de temps. On a capturé 25 oiseaux adultes. Pour leur prendre quelques plumes et un peu de sang et ainsi évaluer si leur organisme est contaminé par des polluants d'origine humaine, et si cela peut affecter leur survie ou leur capacité à se reproduire.

Les captures servent aussi à déterminer le sexe des individus (par la mesure de la taille du bec et de la tête, et de la masse totale), et ainsi confirmer ou infirmer la faiblesse du nombre de femelles par rapport aux mâles, et essayer de comprendre à quoi est dû ce déséquilibre et quelles sont ses conséquences pour la démographie de l'espèce.

Les animaux capturés ont été bagués, ce qui rend possible leur identification à distance et donc apporte des informations, au fil des années, sur la survie des adultes, leur fécondité, leur comportement, et nous permet également tout simplement de choisir sur le terrain les oiseaux qu'il nous faut capturer ou non.

Certaines mouettes adultes sont équipées d'une balise GPS pour connaître leurs mouvements pendant la saison de reproduction, c'est-à-dire savoir dans quels coins elles vont se nourrir.

Enfin, en plus des plumes et du sang prélevé sur les oiseaux, on a également entamé l'échantillonnage de tout ce qui participe au petit écosystème de la mouette ivoire : matière organique et phytoplancton en suspension dans l'eau, petits crustacés, poissons plus ou moins gros, phoque... Cela servira à placer notre espèce dans ce réseau, et ainsi mieux connaître son régime alimentaire, et vérifier les résultats préliminaires qui laissaient suspecter différents types d'habitudes selon les individus.

On a eu la chance de pouvoir approcher deux colonies, ce qui nous a permis de dénombrer les adultes et les nids, d'une part pour la première fois à l'aide d'un drone, et d'autre part en observant directement les oiseaux sur place. Ces observations nous permettent d'ajouter quelques informations aux connaissances globales accumulées par les ornithologues russes, canadiens, norvégiens, suisses et français sur la distribution de l'espèce dans le monde, et sa trajectoire démographique. Et surtout, approcher ces colonies nous a permis de faire un frottis buccal à quelques poussins et donc récolter un peu de leur ADN, qui sera utilisé ensuite pour deux raisons. Déterminer qui sont leurs parents (si l'ADN des parents a été prélevé également), et donc mieux comprendre le système de reproduction de l'espèce : combien de bébés produits par individu ? Tous les adultes participent-ils à la reproduction ? Mâles et femelles ne sont-ils pères et mères des poussins que d'un seul et même nid ? Ces questions sont importantes pour comprendre le cycle de vie de l'espèce, ce qui contrôle l'évolution de la taille des populations et de leur diversité génétique. La seconde utilité de l'ADN des poussins est qu'il nous permettra de les sexer. L'excès de mâles observé chez les adultes est-il déjà existant chez les bébés ? La réponse à cette question permettra de cibler les causes possibles du déséquilibre des sexes. S'il y a autant de poussins femelles et mâles, alors il faudra chercher du côté d'une mortalité accrue des femelles, ou peut-être les mâles se laissent-ils plus facilement avoir par nos filets. Si le déséquilibre est déjà présent chez les tout jeunes, alors quoi ? Les polluants accumulés dans l'organisme des femelles ? Une stratégie adaptative qui permet aux femelles de tricher sur le sexe de leurs bébés en fonction des conditions de ressources alimentaires disponibles une année donnée ? Un facteur génétique égoïste qui distord la transmission normale des gamètes et la probabilité d'obtenir un bébé mâle ou femelle ? Il faudra chercher.

Les échantillons récoltés cette année vont se disperser. Une partie du sang ira à La Rochelle et à Bordeaux où la présence de mercure, de composés organochlorés et autres contaminants sera analysée. L'autre moitié servira de source d'ADN, qui sera extrait des cellules sanguines par Glenn au Bourget-du-Lac, en Savoie, ou par nos collègues Claire Daguin-Thiébaut et Stéphanie Ruault à la station biologique de Roscoff. Même chose pour les frottis buccaux des poussins. L'ADN extrait sera ensuite préparé en vue de son séquençage. Un de nos objectifs avec ces séquences sera d'y dénicher les morceaux du génome qui constituent les chromosomes sexuels. Cela permettra ensuite d'éliminer toute incertitude sur le sexe de tous les adultes et poussins pour lesquels nous avons obtenu de l'ADN jusqu'à présent. Quelques erreurs de sexage se sont-elles glissées dans nos premiers résultats ? Peut-être pas. Mais on aime bien être sûr.

La variation génétique entre individus sera également une porte d'accès aux relations de parenté. Non seulement pour les adultes et les jeunes capturés en un lieu une année donnée, mais aussi pour tous les individus entre eux. On peut ainsi trouver quelques relations de parenté entre adultes. Les parents et leurs descendants devenus adultes sont-ils loin l'un de l'autre ? Quelle a été leur distance de dispersion ? Il est important de le savoir : comment une chasse, une pollution, une perte de la banquise à un endroit donné affecte-t-elle la population à l'autre bout de l'Arctique ?

On comprend qu'il faut mettre en commun les données récoltées en plusieurs lieux et sur plusieurs années. L'étude de cette espèce est contrainte, car elle niche loin au nord, dans un environnement difficile d'accès. Nous repartons avec des échantillons de 25 adultes, 12 jeunes, une unique balise posée. C'est le tout petit compte d'une mission parfaitement réussie, qui a eu la chance d'être financée par l'Institut Polaire Français et le CNRS, de passer entre les mailles de la covid, des annulations de vols en cascade, des mauvaises conditions météorologiques, et de toute autre chose qui aurait pu mal tourner.

Même si le passage de l'ours a fortement limité nos observations et nous a privés d'échantillons de poussins, et si les conditions climatiques cette année nous ont empêchés d'échantillonner correctement plancton, invertébrés marins, et omble chevalier. Un bilan très positif, donc, mais qui devra impérativement être renouvelé encore une ou deux fois : aucune des questions listées ci-dessus ne trouvera de réponse sans multiplier le nombre d'échantillons par deux ou trois au minimum, pour les plus simples d'entre elles.

On a dit l'utilité des captures, des observations, des analyses futures. Mais la question reste, légitimement. Au fond, pour quoi faire ? L'existence de la mouette ivoire n'a aucune utilité évidente pour l'Homme. Elle ne transmet pas, à notre connaissance, de maladies à d'éventuels élevages, n'est que très peu consommée, ne sert pas à la confection de vêtements, de médicaments, et sa présence n'est que très peu remarquée ou appréciée. Si elle poursuit sur sa lancée et disparaît dans quelques années, ce ne sera qu'une espèce anonyme en moins parmi quelques dizaines ou centaines de milliers d'autres condamnées. Le monde sera juste un peu moins vivant. On peut s'en trouver préoccupé, ou pas. De plus, l'étude de cette espèce ne garantit en rien que les résultats permettent d'infléchir le cours des choses. Comprendre le processus ne nous donnera pas la possibilité de limiter les causes les plus systémiques, telles que le réchauffement de l'Arctique et la pollution océanique. Notre objectif est essentiellement de comprendre, savoir, partager ces connaissances, et au mieux contribuer de manière extrêmement modeste à l'accumulation des informations utilisées par d'autres pour asseoir les politiques environnementales.

Une mission de ce type est aussi l'occasion d'une aventure humaine, personnelle. Chacun en retiendra ce qu'il voudra. Le paysage de banquise, un arc-en-ciel blanc, quelques flocons de juillet. Perdre le fil des jours, ne plus savoir l'heure. Dormir où trois allumettes toujours sortent de leur boîte, prêtes à être saisies par des mains gelées. Laisser un ours blanc sortir du brouillard, le voir battre un phoque à la nage, sous l'eau. Apprendre la vie de quelques autres, faire groupe avec une bande de militaires danois. Apprendre quelques mots, *køkken*, *baren*, *tak*. La mouette ivoire, bien sûr, *Ismåge*.

L’archipel des lemmings

5 – 26 juillet 2023

5 juillet

L'avion-cargo militaire redécolle de Station Nord, et nous sommes là.

« Un an », répète Glenn sans comprendre où est passé tout ce temps.

« Ça fait déjà un an qu'on était là. »

Les militaires nous accueillent sur le tarmac en gravier gris. Quelques visages connus, et deux nouveaux : Camilla et Emile sont arrivés seulement depuis quelques jours, et s'apprêtent donc à passer ici les 26 prochains mois. Il y a là également pour une dizaine de jours une équipe chargée de contribuer à la rénovation des baraquements.

Notre hâte est de scanner l'horizon. Les mouettes sont-elles revenues nicher à proximité de Station Nord cette année encore, malgré le fiasco de l'année dernière ? Les avis sont partagés. Globalement peu optimistes.

Mais c'est le début d'après-midi, on nous attend en cuisine, il faut aller saluer Bente et profiter déjà du fruit de son travail. Et puis défaire nos sacs, préparer le matériel, discuter avec Christian, chef de base. Quels sont nos plans pour cette année ? On lui explique le programme : captures sur site pendant environ quinze jours, si tout va bien. Nous déploierons deux pièges entre la cuisine et la terrasse du bar. Et puis une ou deux nuits au *fishing lake*, pour échantillonner les ombles restés hors de portée l'année passée. Enfin, peut-être, approcher le front d'un glacier, un peu plus loin au sud-ouest, et qui nous intéresse, car les mouettes semblent y pêcher une partie de leurs ressources.

On discute des points pratiques, utilisation des huttes refuge, la viande de phoque, nous prévenir si possible quand les chiens sont détachés pour leur sortie quotidienne, la nécessité de porter une arme en dehors de la limite des baraquements, les vols de drone, et l'œil indiscret des appareils photo et caméras de Guillaume. Le projet de documentaire se concrétise, cette année on compte filmer à tout bout de champ.

Les règles sont claires et la confiance totale. Comme il y a un an, le chef de base nous facilite tout. Utiliser les huttes si nous décidons de marcher jusque-là ? Oui. Faire voler le drone sur la base, filmer la vie de la station, réaliser quelques interviews avec ceux qui seront d'accord ? Pas de problème.

« Ah, nous dit-il, j'ai pour vous une série de photos et de vidéos de mouettes blanches où l'on peut lire huit bagues différentes. »

À l'armée danoise et aux équipes de Station Nord, merci.

Jørgen Skafte, responsable des bâtiments scientifiques, nous informe que nous serons seuls à Villum pendant les deux premières semaines. Il nous confie un quad pour remonter nos affaires, un protocole d'échantillonnage pour rendre service à des collègues danois, et la responsabilité de la station au moins jusqu'au 17 juillet. Le tout en quelques mots sur le tarmac avant de monter dans l'avion qui venait de nous déposer. Merci aussi à la logistique scientifique danoise. On retrouve Villum comme on l'a quittée, fonctionnelle, équipée, spacieuse et confortable.

Nous avons pu cette année bénéficier du concours de l'armée de l'air danoise, dont les Hercules C-130 ravitaillent les stations plusieurs fois au cours de l'été. Un premier vol depuis la base militaire d'Aalborg, Danemark, jusqu'à l'aéroport Islandais de Kevlavik, suivi le lendemain d'une seconde étape pour rejoindre Station Nord.

À Aalborg la veille de notre départ, nous avons passé la soirée avec une équipée du GREA en route pour la péninsule de Hochstetter. Il y avait là Brigitte Sabard et Olivier Gilg, qui sillonnent l'Arctique depuis bientôt trente-cinq ans, et leur fils Vladimir, qui le fait depuis qu'il est né (littéralement). Ils sont accompagnés cette année par deux équipiers expérimentés, Eric et Thomas, et l'équipe est complétée par Arnaud, qui réalise ici sa première mission 50 ans tout juste après la toute première expédition du GREA organisée en 1973. Ils vont dans la région de Hochstetter, poursuivre un suivi à long terme des populations de lemmings et bécasseaux initié en 2010.

Les lemmings sont de petits rongeurs dont le nombre varie drastiquement d'une année à l'autre, d'un coin à un autre. Cette dynamique est liée, entre autres, à celle des populations de leurs prédateurs : hermine, renard polaire, harfang des neiges, labbe à longue queue ou labbe parasite. Le GREA poursuit le travail dans la péninsule sauvage de Hochstetter pour tenter de comprendre comment les variations cycliques des populations de lemmings sont reliées non seulement à l'abondance de leurs prédateurs, mais également à celle de proies alternatives quand les lemmings se font rares : bécasseaux variables, et bécasseaux sanderling.

Le bécasseau sanderling.

Pour comprendre pourquoi il y a des pullulations de lemmings certaines années, il faut observer une bonne partie de leur écosystème. Proies, prédateurs, proies alternatives, leurs nombres varient avec un déterminisme que l'on cherche à cerner. L'équipe du GREA campe à Hochstetter en autonomie pendant plusieurs semaines. En plus du travail sur les lemmings et bécasseaux, leur séjour sera comme chaque été la source de nombreux échantillons et observations naturalistes.

À Aalborg la veille du départ, on échange sur la logistique, l'enneigement, les conditions météo, les missions passées, les histoires d'ours.

En cette fin de soirée les récits s'enchaînent, je ne peux tenir le compte des noms d'oiseaux.

Au matin pourtant j'avais repris l'habitude de tenir mes notes à jour. Choucas des tours, corbeau freux... déambulant dans les rues d'Aalborg, Guillaume et Glenn ponctuaient sans s'en rendre compte la conversation d'observations naturalistes. « Goéland cendré », annonça Guillaume au détour d'une phrase. Et puis, comme pour lui-même : « Il faut tout de même surveiller le goéland à bec cerclé, on ne sait jamais. » J'appris qu'il s'agit d'une espèce américaine qui pourrait s'aventurer jusqu'ici. Depuis le matin, mes deux collègues s'étonnaient de ne pas revoir les lièvres qui, lors de leurs précédents voyages en 2018 et 2019, gambadaient dans les aires de jeux d'Aalborg. Dans le manifeste de notre vol : un passager nommé Starling[1]. Guillaume voit des oiseaux jusque dans le nom des gens.

Le lendemain, ça a commencé dès le petit déj', avant de rejoindre la base militaire. Guillaume testait dans la salle de restaurant bondée une application pour téléphone qui permet d'identifier les oiseaux et leurs chants. Les tablées voisines, sans doute, se demandèrent d'où venaient ces *Krriè*[2] (mouette ivoire), *plit* (bécasseau sanderling), *vi-vi-vu* (barge à queue noire), *tchepp* (phalaroppe à bec étroit).

1. Le mot anglais *starling* désigne l'étourneau.
2. Expressions proposées pour reporter les chants de la manière la plus fidèle possible par *Le guide ornitho*, L. Svenson, K. Mullarney, D. Zetterström, Eds Delachaux et Niestlé S. A., Paris, édition 2015.

Je n'écris pas la voix du pluvier doré, dont la plainte déprime même le plus enthousiaste d'entre nous.

Sur le trajet vers l'Islande, il y avait foule. Des militaires en partance pour une mission que l'on devinait longue à la présence de quelques familles venues assister au décollage. Il y avait là également toute une équipe d'ouvriers qui iraient entretenir l'une ou l'autre des bases militaires cet été.

Le Hercules C-130 est un gros-porteur. Mais à plus de quarante passagers, serrés entre le cockpit et la cargaison sur quatre courtes rangées de bannettes amovibles qui se font face deux à deux, on le trouverait presque un peu petit. L'avion était bruyant, chaud, serré. Les mécaniciens se faufilaient en écrasant quelques pieds. Quatre petites heures de vol seulement, mais avec un certain soulagement tout de même de pouvoir se déplier à l'arrivée en Islande.

Depuis l'hôtel en périphérie de l'aéroport de Keflavik il n'y avait pas grand-chose à voir. Mais on n'enferme pas un ornithologue à l'escale en Islande, même pour quelques heures. D'après la carte il y avait peut-être ces deux petites mares, dans une zone industrielle, pas trop loin...

Dubitatif au moment de traverser une petite décharge, je changeai d'avis en arrivant. Là-bas, dans un trou d'eau, des phalaropes à bec étroit tourbillonnent, des bécasseaux variables trottinent, une famille de canards colverts vit sa vie, quelques eiders pataugent, des pluviers dorés se plaignent. Avec les courlis corlieu, goélands bruns, et sternes arctiques observés sur le chemin, on aura vu en deux ou trois heures dans cette friche industrielle plus d'espèces probablement que nous n'en observerons en trois semaines au nord-est du Groenland. L'Arctique n'offre pas beaucoup d'options aux espèces qui veulent y vivre.

Au dîner à Kevlavik on découvre, bien sûr, que les collègues du GREA nous avaient précédés d'une heure sur exactement les mêmes deux mares urbaines, le seul coin un peu intéressant à portée de marche. La passion des ornithologues est sans fin, je ne sais pas si je m'habituerai un jour. Encore une soirée à échanger nos expériences, quinze ans d'expéditions pour certains. Des histoires d'ours, naturellement. Les bœufs musqués, aussi. Et les oiseaux. Toujours, les oiseaux.

Seule une petite partie des passagers de la veille remonte dans le C-130 en direction de Station Nord. Nous n'accompagnons plus qu'une poignée d'ouvriers chargés de la réfection de baraquements. Cette fois-ci nous avons pu traîner près des deux ou trois hublots accessibles. La côte du Groenland est sauvage.

L'avion-cargo nous dépose et redécolle.

« Un an », répète Glenn sans comprendre où est passé tout ce temps.

« Ça fait déjà un an qu'on était là. »

Il est 20 h 30 lorsque l'on dégaine enfin la longue-vue.

Savoir si nos colonies sont de retour.

Mais le ciel est désespérément vide. Je scanne les replis noirs, déjà libres de neige, au creux desquels nichaient nos oiseaux l'année dernière.

Rien. Nada.

On s'en doutait. L'ours n'avait pas fait de cadeau.

Rien de visible non plus dans le site de nidification le plus éloigné, du côté de la pointe nord.

Ainsi il va peut-être falloir cette année se contenter de piéger les oiseaux attirés par la cuisine. Les oiseaux qui cette année ont décidé, donc, de nicher un peu plus loin. Dans les *Glenn Hills*, peut-être. Pour nous en assurer, nous poserons des balises GPS sur les premiers individus capturés.

Dix minutes plus tard, Glenn est à la longue-vue, perché sur la tourelle d'où nous avions surveillé l'ours l'année passée.

« Ah, si, dit-il doucement.

Si, si.

J'en vois une.

Deux.

Ah, une en vol, deux posées. »

« Quatre, annoncera Guillaume dans un instant.

Cinq. »

Un an plus tôt, le 16 juillet, on en comptait dix à la longue-vue, à peu près du même point d'observation. La colonie était alors composée de 70 individus, la plupart cachés par les replis du terrain ou floutés par l'évaporation en cours sur près de deux kilomètres de sol gorgé de neige fondue. À la louche, on table donc sur une trentaine d'oiseaux cette année.

La fonte précoce de la neige devrait faciliter nos projets. Observation, capture, comptages. Échantillonnage des jeunes, peut-être. Et prises de vue. Guillaume commence à filmer, le matériel est exigeant. On s'acclimate. On se réapproprie les lieux.

Les voies de Station Nord sont jalonnées de barils, autant d'îlots de sécurité pour les lemmings que tout un monde convoite : hermine, renard polaire, labbe, faucon, chien de traîneau, scientifique.

6 juillet

La surprise de l'année, ce sont les lemmings.

Au cours de ses différents séjours à Station Nord (il en est à son cinquième), Glenn en général en a aperçu un ou deux, ou pas du tout. Mais depuis notre arrivée nous les surprenons à courir un peu partout. Pas en quantités phénoménales, mais quand même, c'est leur année.

Les lemmings en hiver se réfugient sous la neige, où ils s'aménagent un abri fait de fragments végétaux, un réseau de galeries, des latrines. Les plaques de neige qui hier encore recouvraient notre terrain de chasse disparaissent déjà, découvrant en plusieurs endroits ces nids d'hiver, chemins et crottiers.

À Station Nord, il y a peu de prédateurs. On observera cette année un couple de labbes à longue queue qui rôdent dans le secteur, mais il n'y a pas de chouettes harfangs, et l'hermine et le renard polaire semblent y être assez rares. Tout ce qu'on a vu du renard, c'est un crâne isolé dans la toundra à quelques kilomètres d'ici, et accrochée dans le bar, la fourrure d'un individu tué il y a quelques années par l'un des chiens de la station. Les lemmings restent prudents, ils aiment la sécurité d'un refuge – baril, baraquement, tuyaux, palettes, tout est bon –, traînent rarement en route entre deux abris, mais ils ne paniquent pas à la vue d'un observateur curieux qui s'approche calmement.

Ils ne nous ont pas encore identifiés comme prédateur.

Ils ne sont pas au courant, pour les tapettes à souris laissées pour nous par le collègue danois qui souhaite un échantillonnage extensif. À Villum on se penche avec circonspection sur les mâchoires en métal qui n'attendent plus qu'on les amorce.

Pour l'heure, ce sont nos propres pièges que l'on apprête. Un peu de bricolage à faire pour remplacer l'ancien filet qui commençait à avoir trop de trous dans la raquette, et pour en préparer un second au cas où l'on se déciderait à aller piéger un peu plus près des colonies, tenter de capturer les oiseaux qui ne viennent jamais à la station. On pense que certaines mouettes blanches ne fréquentent pas notre *drive-in*.

En début d'après-midi, Monsieur *UW*, bagué en 2019, nous rend visite. Une mouette non baguée trotte également le long de nos pièges, qui ne sont pas encore tout à fait prêts.

Et puis l'attente.

L'attente, animée des bruits de marteau, scie, brûleur. Une équipe double l'isolation d'une toiture, à trente mètres de nos pièges. Attente ponctuée par le passage des quads, bulldozers ou autres engins plus ou moins bruyants et poussiéreux. La vie et le travail bien sûr se poursuivent autour de nous, qui attendons.

Avec la banquise pour toile de fond, l'attente se suffit à elle-même. Mais je l'accompagne cette année de deux lectures : *Rêves arctiques*[1], de Barry Lopez, et le *Sixième rapport du groupe d'experts intergouvernemental sur l'évolution du climat*[2]. Le premier est une somme phénoménale, une ode faite de sciences, d'histoire, de vagabondages. Une découverte des paysages arctiques, des populations animales, végétales, humaines qui les occupent, de leurs interactions et de ce qu'elles disent à l'auteur. Une histoire naturelle. Fin connaisseur de l'approche scientifique, Barry Lopez nous dit pourtant que « Chaque fois que nous tentons de prendre possession rapidement et efficacement de lieux qui nous sont totalement étrangers, de lieux que nous ne possédons ni ne comprenons, notre première approche, et elle reste souvent la seule, est scientifique. Et c'est ainsi que nos évaluations restent inachevées ». Il est bon de ne pas l'oublier.

Ma seconde lecture, écrite par le GIEC, donc, est le cadran d'un réveil. Il donne l'heure, et prédit les conséquences d'attendre une, deux, ou trois heures de plus avant de sortir du lit. L'alarme du réveil gueule depuis un moment, et il est tentant de taper dessus pour qu'il nous foute la paix. La tête sous l'oreiller, ça va très bien, merci. Sur le réveil, les aiguilles indiquent qu'il est déjà tard, et la trotteuse accélère.

1. Barry Lopez, *Rêves arctiques*, Éditions Gallmeister, 2021.
2. IPCC, *Climate change 2023 synthesis report, summary for policymakers.*

En soirée sept oiseaux sont dans les parages. Plusieurs picorent à tour de rôle dans l'écoulement de la cuisine. Les lasagnes de Bente étaient particulièrement bonnes. Trop, peut-être.

Vers 20 h 15 enfin, première capture. Monsieur *AT*. Un ancien qui avait perdu sa bague et que nous avions rebaptisé l'année dernière.

21 h 05, déjà une seconde capture. Non baguée, celle-ci nous intéresse particulièrement, d'autant que sa morphologie nous fait penser plutôt à une femelle (et nous avons peu d'échantillons sanguins de femelles). On pourrait l'équiper d'une balise pour repérer son site de nidification et enregistrer ses mouvements journaliers au moins pendant cette saison de reproduction, et tant pis si la balise devait se perdre ou s'éloigner trop de notre antenne dans un an quand le récepteur VHF sera réinstallé. L'ensemble de la manipulation est réalisé sous les yeux de Christian, chef de base, à qui on explique les enjeux, les questions, les méthodes. Deux artisans s'approchent à leur tour. On réexplique. Il est rare que la capture des oiseaux suscite autant d'intérêt dès le premier jour. Christian semble particulièrement intéressé. On lui fera un peu plus tard un compte-rendu de l'histoire des oiseaux dont les bagues sont visibles sur les photos qu'il nous a fournies.

À 22 h encore un coup de bol, également une femelle, également nouvelle. Elle sera à son tour équipée d'une balise.

À 23 h la lumière est plus rasante, on tente quelques prises de vue de lemmings. Ils sont sympas, ils sont beaux, ces marmottons qui foncent d'un baril à un autre puis se posent pour grignoter un truc. Il ne devrait pas être bien difficile de savoir où placer nos mâchoires à rongeur.

7 juillet

À 9 h 23, le gras est sur la table – notre code pour prévenir à la radio que les appâts sont en place. Pas une mouette à l'horizon, à part le minuscule point blanc qui se laisse parfois apercevoir depuis notre arrivée et qui est une tête de mouette ivoire, là-bas, sur la colonie. Le vent et le soleil sont forts ce matin, des conditions mauvaises pour la capture. Glenn pense que, comme la veille, c'est en soirée qu'on capturera le plus. Il réorganise son matériel, s'assure que les échantillons sont correctement annotés, tient à jour ses tableaux d'observations d'oiseaux bagués (on appelle ça des lectures de bague, ou des recaptures de bague), prépare de nouvelles balises GPS, essaye de télécharger les données déjà transmises par les deux femelles qui viennent d'être équipées. L'une d'entre elles, étourdie par la capture, agacée par ce harnais qui l'habille, gênée aussi par un congénère venu la frôler au moment où nous l'avons libérée, eut un envol chaotique, heurtant au passage un obstacle du bout de l'aile. Même si c'est rare (unique, en fait) nous décidons d'un nouveau lieu d'envol. De la plate-forme où nous travaillons il y a trop d'embûches sur la trajectoire des oiseaux tout juste libérés : barils lestés et prolongés de perches pour matérialiser les routes de gravier quand tout est sous la neige, sur la droite un baraquement assez haut, sur la gauche un bloc de pierre. Et pas mal de passage aussi, l'inévitable quad, de temps en temps un véhicule plus gros. Station Nord est une oasis urbaine au milieu du désert arctique. Nous rions des lemmings au ras du sol qui se précipitent d'un baril à l'autre le long des voies en gravier. Mais nous ne sommes pas si différents. La mouette rie-t-elle de nous voir coincés sur notre îlot urbain ? Sans doute non. Mais elle pourrait.

Glenn dit parfois que nous faisons de l'écologie urbaine[1], à piéger les mouettes au pied des baraquements, sous l'œil des militaires et techniciens de passage.

1. L'écologie est la science qui s'intéresse à comprendre la distribution et l'abondance des espèces, en lien avec leur environnement. L'écologie urbaine s'intéresse à ces questions au sein des villes et autres environnements fortement anthropisés.

Il exagère à peine.

C'est une oasis urbaine bruyante et grise, parsemée de bidons vert et rouille, parsemée de matériaux et d'engins, posée là à côté d'une piste d'atterrissage en minerais anthracite. À quelques centaines de mètres se trouve une véritable déchetterie, cimetière de dizaines d'années d'occupation avant que nos déchets commencent à être brûlés sur place. Il y a donc un incinérateur et ses nuages de fumée noire. Les pissotières de chaque baraque s'écoulent directement au sol, sans discrétion ou si peu. Et il y a le nuage de poussière, quand un engin passe trop vite. Il y a les piquets et les hautes antennes, et la musique, dans la cuisine presque en permanence du hard rock, et parfois à l'extérieur aussi à l'occasion de l'un ou l'autre des chantiers en cours. Et par-dessus tout la génératrice, qui alimente et anime l'ensemble du bazar et dont le vent porte le grondement jusqu'en bordure de banquise.

C'est un îlot urbain qui fonctionne. Une vie d'équipe où chacun joue sa partition. Un îlot au contact de la banquise, au milieu d'un immense mélange de bleus et de blancs. Les Hommes tiennent ce lieu pour y maintenir en tout temps une piste d'atterrissage, des équipements télécom et météo. Une présence danoise dans l'Arctique groenlandais, une surveillance du parc national, des travaux scientifiques. Mais les Hommes viennent là pour autre chose. L'expérience, la déconnexion, un collectif soudé, trois mouettes. Ou tout autre chose. Chacun son truc. Au repas, je demande à l'un des deux nouveaux ce qu'il faisait avant sa mission ici. Rien ne le prédestinait à Station Nord. « J'avais ça derrière la tête, il me dit. Et puis un jour, j'ai pensé... je pose ma candidature. »

Ça me semble une explication satisfaisante. Qui sait ce que l'on a derrière la tête ?

Rien ne peut remplacer deux ans de vie ici. Deux hivers, surtout. Mais rien non plus ne peut réprimer notre sentiment d'appartenance. Pour une courte durée, nous faisons partie des lieux.

Une mouette a la bonté de me signaler sa présence au-dessus des pièges. C'est bien joli tout ça, mais il faudrait peut-être continuer de surveiller le ciel. Celle-ci punit mon inattention en disparaissant au-dessus de la banquise. C'est un problème pour nous, la mouette blanche a la capacité d'apparaître et de disparaître à sa guise. « Elle a le talent remarquable d'apparaître soudain dans le paysage comme si elle surgissait de nulle part[1] », écrit Barry Lopez.

Un peu après 16 heures, le tourne-pierre fait son apparition. On ne l'avait pas encore vu cette année. Mouette ivoire, labbe à longue queue, bernache cravant, bécasseau sanderling, grand gravelot, et maintenant tourne-pierre à collier, déjà six espèces.

Le vent s'est renforcé progressivement tout au long de la journée. Ce soir, il entraîne des nuages de poussière. Une poussière fine qui recouvre un peu tout. Bientôt nous sommes tout à fait perdus au sein d'une brume grise. La piste d'atterrissage en particulier n'est plus que poussière en suspension.

Une rafale un peu plus forte renverse un baril. Une île de moins dans l'archipel des lemmings.

8 juillet

Piégeage.

C'est calme. Très calme. En milieu de matinée passe *UW*, et puis plus rien.

On se demande si on ne pourrait pas attraper des lemmings dans l'un de nos pièges, le plus petit, celui en arc de cercle et dont les mailles sont fines. Ça nous éviterait d'avoir à décimer la population à coups de croque-rongeur. On ajoute du beurre de cacahuète à côté du morceau de phoque.

Glenn soudain repère une visiteuse inattendue, une hirondelle rustique. Une espèce européenne, d'après son plumage. Les plus proches nichent au nord de la Norvège. Même en volant droit, c'est loin.

L'hirondelle rustique, septième espèce.

1. *Rêves arctiques*, p. 221.

Soirée de Noël. Le repas est bon, l'ambiance excellente. Peter, tiré au sort pour préparer le dîner avec Bente, a fait le job. Je suis surpris d'apprendre qu'il est passé à Angers, où je suis né. On met quelque temps à comprendre que c'est en fait à Orange, qu'il est passé. On finit quand même aussi par se souvenir qu'on avait eu exactement la même conversation l'été dernier. Et, comme l'année passée, on ne suit pas le reste de la troupe au bar. Il faut profiter des bonnes conditions pour une reconnaissance aérienne de la colonie la plus proche de la station, celle qui est située à l'est (et puis nous n'avons pas fait une seule capture depuis deux jours, il faut avancer).

On s'approche à pied. Guillaume – rebaptisé William pendant le repas, c'est plus facile à prononcer pour les Danois – filme une paire de bernaches cravant en cours de route, puis une paire de scientifiques, puis une paire de bottes qui marchent. Nous sommes équipés de micros-cravates performants, William nous demande assez souvent de les allumer dans la journée. Ce qui permet à Glenn d'exercer un peu son talent pour l'humour potache.

Le drone décolle puis s'approche à la verticale de la colonie. Trois, quatre oiseaux alarment. C'est peu. Sur les vidéos le lendemain, on ne distinguera que trois nids occupés. Lors de notre première observation directe de ce site quelques jours plus tard, nous en identifierons un quatrième, un peu à l'écart des trois autres. Quatre nids, contre quarante-quatre un an plus tôt. Le gros de la population est parti nicher ailleurs. Dans les *Glenn Hills*, possiblement. Pour le savoir il faut que l'on équipe quelques oiseaux de balises.

9 juillet

Le piégeage ne donne toujours rien. Peu de mouettes, et les rares visiteuses ne s'intéressent pas à nos appâts. On attend. On pense aux lemmings, qui eux non plus ne se montrent pas tellement intéressés par le beurre de cacahuète généreusement disposé à leur intention. Comment faire ? Plusieurs dizaines de tapettes à notre disposition, et on commence à connaître les trajets et les repaires des petits poilus du coin. Rien de bien difficile.

Passage du goéland bourgmestre. Huit espèces. Neuf, en comptant le cadavre de bruant des neiges découvert dans la glace fondante au pied de notre terrasse.

À 17 h enfin une capture. Timing parfait. Le repas du dimanche soir c'est 18 h et c'est *junk food*. Pizza-frites-glace. Avant ça on a le temps d'équiper cet oiseau d'une balise, qui nous renseignera peut-être sur le lieu où s'est déplacée la colonie. Le ficelage du petit harnais n'est, en théorie, pas très compliqué, mais avec une mouette dans les mains il faut un peu de doigté. La toute petite lanière de téflon n'enserre pas les ailes. Glenn la fait passer autour des pattes de l'animal, à la manière d'un baudrier. Les deux extrémités sont nouées à l'avant de la balise GPS, un double nœud consolidé d'un point de colle pour limiter l'usure. Il faut que le baudrier tienne sans blesser. Sans gêner les mouvements. Que le capteur solaire ne soit pas recouvert par les plumes du dos. Et que le ficelage soit fait rapidement pour limiter le temps de manipulation de la mouette, qui n'en a pas demandé tant. Glenn fait la moitié de la manip les yeux fermés, au toucher, pour mieux régler le serrage.

Les mouettes qu'on libère avec une balise sur le dos passent leurs premières minutes de liberté à se remettre les plumes en place. Il leur faut un temps d'adaptation.

Vers 19 h 15, Glenn fait un bruit de lemming. J'écris ça juste pour que Guillaume ait quelque chose à filmer. Il fait un travelling dans le bar où je suis attablé, crayon en main. Et d'où, une bonne partie de la journée, nous surveillons nos pièges par deux petites ouvertures.

Il filme un peu plus tard un labbe à longue queue qui se nourrit d'un lemming. Probablement un lemming mort et congelé tout l'hiver, révélé ces derniers jours par la fonte des derniers patchs de glace présents à la station. On en a trouvé un, nous aussi, en arrivant. Glenn en a profité pour prendre un échantillon pour le collègue danois. Un lemming de moins à assassiner, l'hiver s'en étant chargé pour nous. Les autres devront bien succomber sous les mâchoires que nous allons disposer un peu partout à l'entrée des terriers.

10 juillet

Pour aller de l'avant à la fin d'une journée ponctuée de déconvenues, ce soir nous nous approchons de la colonie située à la pointe nord. C'est un très beau site, une pointe de terre entourée de banquise. À la longue-vue à une distance d'environ 1,5 km, on compte 11 à 12 nids. C'est plus que ce que l'on espérait étant donné la toute petite taille de l'autre colonie, située à l'est. C'est plus, mais c'est un peu optimiste. Dans les jours suivants, quand nous nous approcherons pour une longue séance d'observation à courte distance, nous compterons finalement huit nids seulement, plus quelques oiseaux non reproducteurs.

Mais il faut être optimiste en cette fin de journée. La nuit dernière nous avions laissé les appâts en place, en les recouvrant seulement de cartons lestés de pierres, quand d'habitude nous rangeons tous les soirs la viande dans un sac entreposé dans un conteneur en bois. Ce qui nous sert d'appât est rangé là également tous les jours vers 16 h, au moment où les deux chiens de la station sont libérés pour leur balade quotidienne. Mais l'idée des cartons (qui visait à nous éviter une manipulation de viande de phoque graisseux matin et soir) n'était pas si bonne. Ce matin, ils n'étaient plus en place, et il ne restait rien de la viande. On accuse les mouettes, quoi d'autre ?

Quoi d'autre ? Il suffit de demander au piège-photo placé par Guillaume dès le premier jour dans le but d'obtenir des images de capture pour son documentaire. À chaque mouvement dans l'espace de piégeage, le détecteur de mouvement déclenche l'enregistrement d'une courte vidéo. Et on découvre donc la paire de baskets d'un des locaux, qui de temps en temps tôt le matin fait un footing... avec les chiens. Ce jour-là, Obelisk et Dirk ont goûté au phoque, dont ils raffolent (l'hiver à Daneborg dans les chenils des Sirius les chiens sont en partie nourris ainsi), et ça a été un peu le début des emmerdes, au propre et au figuré. Que fait un chien sur un filet qui sent la mouette, le vomi de mouette, le vieux gras de phoque et la tranche de jambon ? Ce que font deux chiens, donc. Et ensuite chaque fois qu'ils seront libérés pour la balade. Tant pis, on laisse le piège photo, et on le rince de temps en temps. Et on maniera la pelle de temps en temps, aussi.

Alors donc un coup de pelle ce matin, et puis on attend. Ce jour-là, une dizaine d'heures environ, une seule mouette brièvement aperçue. Plus inquiétant, les trois balises posées jusqu'à présent ne donnent pas signe de vie. Impossible de télécharger les données de position des oiseaux qui les portent. Pourtant tout fonctionnait correctement avant la pose, et tout fonctionne également avec les balises encore en notre possession. Bizarre.

À 18 h, *WG* se présente quinze secondes après que j'ai désactivé les pièges.

C'est comme ça.

11 juillet

WG remet ça dès le matin. Elle se pointe pendant le petit-déjeuner puis nous abandonne. On ne la reverra pas de la journée.

Trop peu d'oiseaux. Trop d'attente sur notre terrasse, pendant que les ouvriers autour de nous s'activent du matin au soir, de 7 h à plus de 21 h, ils n'ont plus qu'une journée pour terminer leurs travaux, demain un avion les ramènera à Kevlavik, avant de redéposer certains d'entre eux sur une autre base où d'autres baraquements attendent d'être rénovés.

Nous, on attend là, immobiles ou presque.

L'attente nous désœuvre, même s'il faut rester attentif, régulièrement scanner les alentours, garder les pièges fonctionnels, tenter de régler les problèmes techniques, les balises et leur récepteur VHF qui refusent toujours de fonctionner, filmer beaucoup, discuter des analyses en cours et des projets, écrire un peu. Un jour sans capture, paradoxalement, les repas reviennent vite. Alors il faut qu'on bouge. Ce soir après le dîner on repart en balade, à la recherche de terriers de lemmings qui ne soient pas sur fond de baril. Ça serait mieux, quand même, pour le docu. Bon, mieux vaut peut-être les lemmings avec baril que les terriers sans lemmings que nous repérons sur le chemin. On pousse jusqu'à la position ancestrale d'une des colonies de mouettes blanches, qui avant une tempête ayant entraîné une mortalité massive en 2011 était située quelques kilomètres plus au sud et l'est. Là Glenn avait fait des observations intensives en 2009 avec une équipe du GREA. Nous retrouvons les nids abandonnés, réduits pour certains à l'état de traces.

La lumière de la banquise, c'est ça qu'il faut retenir.

On fait des images. Avec les appareils photo. Avec le drone. Avec les yeux.

Au loin, une bernache couve. À nos pieds, un nid de bécasseau sanderling.

12 juillet

Ça ne vole toujours pas.

Comme tous les pêcheurs du monde, nous discutons de l'absence de proies. Les conditions météo, un temps trop clair qui facilite la recherche de nourriture et encourage les mouettes à chasser loin. La qualité de nos appâts : pas assez de phoque. Ou alors quelque part une large quantité de nourriture – eaux poissonneuses, baleine échouée – rend la cuisine de Station Nord peu attractive. L'activité à la station, également. Ça bricole et ça tape pas mal en ce moment. Un peu de tout cela, peut-être, ou rien du tout. Il est encore un peu tôt pour l'éclosion des œufs, nous sommes en avance sur la reproduction cette année, et les adultes sans doute n'ont pas encore commencé leurs va-et-vient plus fréquents pour le nourrissage des jeunes. Une chose est sûre. À quatre mouettes en presque une semaine, on est largement au-dessous de la moyenne, et bien loin de l'objectif des 20 à 25 nouveaux individus capturés.

On insiste.

À 22 h 45 Glenn sort pour plier les gaules. *WG* à nouveau se pointe et nous nargue.

Mais à malin, malin et demi. On insiste.

Et *WG* se fait choper. Ça fait cinq.

13 juillet

Encore une journée d'attente. Piégeage jusqu'aux alentours de 23 h. Pas une plume dans nos filets. Chacune à leur tour deux mouettes passent voir ce que l'on propose, puis filent droit vers la banquise.

Les journées d'attente en ce moment sont longues. L'occasion d'analyser nos jeux de données, un œil sur l'ordinateur, un œil sur les pièges. On s'attaque à l'idée qui nous trottait dans la tête depuis un moment, mais que nous n'avions pas encore pris le temps de considérer sérieusement : vérifier nos histoires de déséquilibres entre le nombre de mâles et de femelles dans la population.

En 2016 nous avions mis au point une méthode simple permettant d'identifier le sexe des individus sur le terrain, avec un drôle de résultat : la population mondiale de mouette blanche contient environ deux fois plus de mâles que de femelles. Un tel écart nous étonne, car le rapport des sexes dans les populations animales en général s'écarte peu de l'équilibre.

Qui décide du sexe des oisillons chez la mouette ivoire ? *A priori*, c'est assez simple. Comme chez nous, mammifères, une paire de chromosomes orchestre le travail. Mais si chez nous la présence des chromosomes X et Y ordonne la mise en route du programme qui conduit au sexe mâle, chez les oiseaux c'est l'inverse. Pour cette raison, on a plutôt choisi d'appeler ces chromosomes Z et W. Donc ZZ pour nos mouettes mâles, ZW pour nos mouettes femelles.

À chaque oisillon, une mère transmet soit son W (et ainsi naît une fille), soit son Z (et ainsi naît un fils). Le père, lui, transmet l'un ou l'autre de ses deux Z, ce qui ne change rien à l'affaire. Chez les espèces qui ont ce genre de système à deux chromosomes XY ou ZW (les oiseaux et serpents, presque tous les mammifères, une partie des insectes, certains groupes de plantes, un certain nombre de poissons et d'amphibiens, divers groupes d'algues...), la transmission se fait le plus souvent de manière aléatoire. Et donc chez les bébés : 50 % de femelles, 50 % de mâles.

Pour notre article de 2016, nous avions regardé un bout d'ADN du chromosome Z, et un autre bout qu'on ne trouve que sur le W. Si on trouve les deux morceaux chez un individu, c'est qu'il possède les chromosomes Z et W, et est donc de sexe... ?

Femelle, oui.

En comparant les mesures de taille de tête, de bec, d'aile, de poids des individus identifiés d'après la méthode génétique comme mâles ou femelles, on était arrivé à la conclusion que la longueur totale de la tête et l'épaisseur du bec étaient suffisamment supérieures chez les mâles pour pouvoir identifier une bonne partie des animaux sur le terrain, sans analyse ADN.

En combinant ces deux méthodes, qu'a-t-on obtenu par exemple à Station Nord au cours de notre saison d'échantillonnage 2018 ? Huit mâles, trois femelles. En 2019, seize mâles, une femelle, et en 2022, vingt mâles, cinq femelles. Aujourd'hui après six jours de capture : deux mâles et trois femelles. Total jusqu'à présent, 44 mâles, 12 femelles.

Aujourd'hui pour une grande partie de ces oiseaux (et pour bien d'autres, grâce à nos collègues canadiens, norvégiens et russes) nous avons de nouvelles données génétiques, beaucoup plus abondantes, et qui pourraient nous permettre de faire trois choses :

1 – Vérifier nos résultats précédents, quelques erreurs de sexage auraient pu se glisser dans les jeux de données. 2 – Identifier le sexe de quelques individus supplémentaires, notamment des oiseaux pour lesquels nous n'avons pas de mesures morphologiques (taille de la tête, hauteur du bec). Et 3 – Commencer à s'intéresser aux chromosomes sexuels eux-mêmes, pas pour savoir ce qu'ils nous disent sur le sexe des individus, mais pour savoir ce qu'ils nous disent sur leur propre évolution.

Alors, attablés près de la fenêtre qui nous permet, simultanément, de garder un œil sur les pièges, nous nous efforçons de trier la variation génétique, pour détecter celle qui repose sur les chromosomes Z et W, et qui pourrait nous permettre d'affiner nos connaissances sur le sexe des mouettes.

Le temps est clair, translucide comme jamais. Autour de nous, tout semble à portée de main. Cette île que nous apercevons et que nous n'avions jamais remarquée. Et le front du glacier, dont on aurait bien aimé s'approcher et où *a priori* se rendent les mouettes pour aller à la pêche, sans s'arrêter rue Station Nord.

14 juillet

Station Nord n'est pour l'instant pas trop connectée. On peut y utiliser un téléphone satellite, une possibilité que nous réservons aux cas d'urgence. On échange quelques textos avec nos familles *via* un système de messagerie satellite liée à notre GPS portable. Et dans l'enceinte de la station on échange des informations pratiques à l'aide de radios VHF à faible portée. Le moins possible, pour ne pas parasiter le réseau d'appels inutiles, même si les scientifiques utilisent une fréquence différente de celle des militaires (« Le gras est sur la table », « La mouette est dans le sac », « Je fais des plans de coupe et je vous rejoins », « Glenn est encore parti sans sa radio » ne sont pas des informations qui intéressent tout le monde).

Il est prévu bientôt un raccordement satellite permettant l'établissement d'un réseau internet. Le lieu y gagnera en confort, au prix d'un peu de son âme. Beaucoup de son âme, peut-être. L'un des militaires résidents nous explique qu'il a postulé ici à Station Nord plutôt que dans une autre station arctique précisément pour l'absence de connexion. Un pilote de *Twin* dans quelques jours nous dira que lui attend au contraire avec impatience la connexion au réseau. Il préfère lire les cartes météorologiques lui-même plutôt que d'en parler au téléphone satellite avec un collègue.

Quoi qu'il en soit, Station Nord est pour l'heure assez peu connectée. Elle reçoit et imprime un feuillet de quelques pages qui donne un résumé des prévisions météo à quelques jours, et un résumé de l'actualité, copié-collé par quelqu'un, quelque part, au centre de direction de l'*Arktisk Kommando*. L'imprimé est déposé en cuisine chaque matin ou presque. C'est écrit en danois, mais on finit par s'habituer à ne comprendre que trois mots par page. On devine ou croit deviner le sens de certaines phrases. On se raccroche aux noms propres, et on regarde ce qu'il y a autour.

Den russiske forsvarsminister, Sergei Siojgu, er ifolge det russiske forsvarsministerium ankommet til Nordkorea tirsdag.

Voilà, de cette phrase on se dit que deux dictatures s'entendent.

Ce que l'on regarde surtout, ce sont les prévisions météorologiques. Hier le bulletin nous a donné l'espoir d'un peu de temps couvert. On pense que dans la brume les oiseaux peut-être profiteront de la proximité d'une source de nourriture fiable à la station, plutôt que de s'aventurer plus loin vers une cible moins certaine. La brume est notre amie, donc.

Ce matin, j'ouvre le rideau de ma fenêtre de chambre et c'est raté. Grand beau.

On se décide pour une visite de la colonie. La plus petite, située à l'est. Pour l'instant nous n'avons fait que la survoler en drone.

Quatre nids, sept oiseaux adultes. Pas à pas, on s'approche. Les brumes de chaleur compliquent la lecture de bagues (ces brumes-là ne sont pas nos alliées). Mais petit à petit les oiseaux s'habituent à notre présence. Bientôt Glenn est à trente mètres. Les oiseaux ne bougent pas. On lit *AP*, une bague jaune, sur l'un des adultes. On ne connaît pas cette bague. Vérification faite, c'est un oiseau qu'Olivier Gilg et Benoit Sittler avaient bagué poussin vingt ans plus tôt, en 2003, lors de la première session d'étude de la mouette ivoire organisée par le GREA à Station Nord.

Observation d'un relais. L'un arrive et prend la place de celui qui couvait. Il faut être attentif, c'est l'occasion d'apercevoir les pattes, potentiellement baguées, de l'oiseau qui jusqu'à présent était posé au nid. En 2009 Glenn et une équipe du GREA avaient ainsi réalisé une session d'observation continue de vingt heures dans le but de décrire le comportement des oiseaux sur la colonie. Ça nous donne des idées. Nous avons déposé cette année un piège-photo près d'un nid pour le documentaire réalisé par Guillaume, mais peut-être pourrions-nous en poser une vingtaine, et tenter d'utiliser les différences morphologiques de la tête et du bec des oiseaux pour les identifier et ainsi réaliser une étude comportementale de longue durée. L'analyse d'image dans ce domaine a fait des progrès considérables, on pourrait évaluer la faisabilité de l'approche à partir des images acquises cette année. On aimerait savoir si chaque nid est associé à une seule femelle et un seul mâle. Et que font les *floaters*, ces individus qui semblent parfois les premiers à alerter la colonie de notre présence ? Est-ce qu'il s'agit des mâles surnuméraires ? Célibataires ? Sont-ils les pères biologiques de certains poussins ? Participent-ils à la construction des nids, à la sécurité de la colonie, voire au nourrissage des jeunes, ou profitent-ils au contraire des autres oiseaux, par exemple en leur volant de la nourriture ?

Pour l'instant, à une exception près[1], les observations et résultats préliminaires convergent vers un système simple : deux parents biologiques se relaient sur un nid unique qui contient soit un, soit deux œufs.

Il y a d'autres manières de faire. Chez les bécasseaux sanderling, les œufs vont toujours par quatre. Mais certaines femelles confient leur première ponte à leur partenaire, puis s'en vont pondre ailleurs une seconde couvée dont elles s'occuperont avec un autre mâle.

Après une après-midi de piégeage infructueuse, on applique la *big bait theory*[2] : augmenter la taille du morceau de phoque afin de rendre les pièges irrésistibles. On va finir par attraper un ours.

Sur la colonie ce matin on a eu la surprise de revoir notre hirondelle, et elle est encore avec nous ce soir, Guillaume peut la capturer sur vidéo à proximité de notre poste de piégeage. Comment est-elle arrivée ici ? On l'a vue la première fois le lendemain d'un bon coup de vent. Volontairement ou non, elle a peut-être profité de ce courant d'air.

« Passereau américain ! » annonce Glenn tout à coup. « Crête rousse, gros sourcil blanc, dos marbré brun-roux », récite Guillaume pour garder l'image en tête, après avoir braqué ses jumelles un instant sur cet autre oiseau inattendu. À défaut de mouettes, qui ont encore une fois dédaigné nos appâts jusqu'à 23 h, on se rabat sur la chasse au passereau. « Probablement un moineau américain », diagnostique Guillaume sous l'œil intéressé de l'hirondelle qui nous attendait, perchée sur son poteau.

L'appli pour téléphone testée à Aalborg au début du mois nous permet d'identifier le *chipping sparrow*. Effectivement un moineau américain. Celui-ci doit être complètement perdu. Je suis à nouveau frappé par

1. Nos analyses génétiques ont identifié une fois un oiseau parent de deux poussins dans deux nids différents. Dans ce cas, cet adulte s'occupait de l'un des deux nids, tandis qu'un autre oiseau s'occupait du second poussin dont il n'était pourtant pas le parent biologique.
2. Théorie de l'appât géant, qu'on vient d'inventer pour l'occasion.

Les quatre poussins du bécasseau sanderling.

l'attrait de l'ornithologue pour les observations rares ou inattendues. J'y vois un intérêt scientifique (les capacités de déplacement des animaux, le rôle des tempêtes), et poétique (l'entrevue arctique discrète du moineau américain et de l'hirondelle norvégienne), mais pour mes collègues c'est plus que ça, quelque chose d'intense et qui m'échappe.

Avec les bécasseaux maubèches et les restes d'un traquet motteux aperçus ces derniers jours, le *chipping sparrow* porte notre liste à douze espèces d'oiseaux observés cette année à Station Nord.

15 juillet

AP blanc est dans le filet... pendant qu'on regarde ailleurs. Plus précisément, dans nos assiettes de brunch du samedi matin. Les chiens parfois accompagnent un coureur matinal. Ils aiment, bien sûr, renifler les traces de la viande que l'on range tous les soirs. Alors en général on sécurise tout pour la nuit, ça serait dommage qu'un chien de traîneau groenlandais de 40 kilos emmailloté dans un filet arrache toute notre installation. Bref, les goupilles qui sécurisent le piège sont en place, et le temps d'appâter et armer le piège, *AP* disparaît.

Glenn exceptionnellement reste vissé sur son banc à l'extérieur pendant le déjeuner. Un individu qui porte une balise GPS depuis cinq ans rôde dans les parages. Installée en 2018, il est probable que la balise ne soit plus fonctionnelle. Mais en le capturant, on peut espérer récupérer les données enregistrées dans sa mémoire interne. Cet individu est précieux. Malgré ses passages répétés les jours suivants, il ne mettra jamais le pied dans nos pièges.

16 juillet

La brume est là ce matin. Pluie, brouillard, un temps à mouette. Un temps à attendre.

Les chiens ont pris l'habitude, dès qu'ils sont libérés pour leur promenade, de foncer sur les traces de gras qui imbibent la terre là où nous appâtons. Les chiens arrosent. Et l'armature du filet, tant qu'à faire. Et le piège-photo, à côté. Et pire encore.

Pas une capture.

Jusqu'à 23 h, qui semble être devenu notre horaire officiel en soirée, des mouettes qui hésitent, s'approchent parfois à quelques dizaines de centimètres du point critique, et puis s'en vont.

Sur le chemin du retour, on se venge sur un lemming. Il avait l'air perdu, pas très sûr de son coup. Guillaume lui saute dessus avec son bonnet.

« Ça fera de belles images », il dit.

On trouve une caisse, on l'observe, bien sûr on le filme, et il retrouve sa liberté. Au diable les tapettes à souris, on ne tuera pas de lemmings.

17 juillet

WK nous refait le coup. Elle déambule entre les deux pièges. Hésite. S'éloigne en trottinant. Revient. On se demande comment son cœur tient le coup. Le nôtre commence à se résigner à passer beaucoup plus de temps à analyser nos données génétiques qu'à engranger de nouveaux échantillons. On prévoit quand même également de passer un peu plus de temps en observation directe sur les deux colonies.

Dans l'après-midi les chiens sont de sortie. Tout à coup ils se précipitent ensemble sur un truc qui les intéresse. Un lemming, peut-être (comme celui qui, une fois, s'était abrité sous une niche avant de se rendre compte de l'erreur tactique). Grondements, et aussitôt bataille générale. Dirk n'a toujours pas compris qu'il y a des règles à suivre. Il est là pour apprendre tout ce que sait Obeliks, situé plus haut dans la hiérarchie, et qui s'était révélé particulièrement doué pendant son temps avec les patrouilles Sirius. Obeliks est un chien calme et attentif, intelligent et doux. Mais c'est aussi le patron, qui à ce moment-là décide de régler la question à coups de crocs, histoire que ça rentre bien dans la caboche de celui qui ne veut rien entendre. Je ne sais pas s'il a entendu quelque chose, mais en tout cas il s'est fait recoudre un peu à droite à gauche, le gars qui n'avait pas pigé qui était le patron, ici.

(On raconte que le lemming sous la niche avait finalement pu s'enfuir à l'heure de la promenade des chiens, après une longue attente angoissée.)

Une équipe composée d'une Groenlandaise et de trois Américains arrive en *Twin Otter*. Leur plan est d'aller réaliser un inventaire de biodiversité sur la terre la plus nord du monde. À vol d'oiseau ce n'est pas très loin d'ici, mais quand même. On ne peut pas atterrir facilement là-bas. Le *Twin* pourra les déposer à une vingtaine de kilomètres de l'objectif, sur un site d'atterrissage de 190 mètres de long. Pas très très long, comme piste, même pour un *Twin Otter*. Il faudra marcher, traverser sans doute un bras de mer plus ou moins gelé, et, pour réussir, transbahuter une bonne pile d'équipement. Dès leur arrivée à Station Nord ils sont confrontés à quelques défis logistiques. Pour venir ils ont déjà dû composer avec l'annulation d'une autre équipe avec laquelle ils devaient partager le coût du vol. Ici, pour un peu de brouillard le coût d'une mission peut doubler, puis redoubler. On leur souhaite de réussir le défi, comme ils l'ont déjà fait par le passé pour établir l'inventaire sur la terre la plus sud.

En fin de soirée les gars s'entêtent sur les pièges. Une non-baguée aurait été aperçue. Elle s'approche. Survole les pièges, s'intéresse. Et puis non, tiens, s'éloigne d'un coup d'aile. Au même moment je m'acharne à essayer de déterminer le sexe d'une poignée d'individus sur la base de données génétiques acquises par le passé et que nous nous sommes mis à analyser depuis que les mouettes boudent. Pas mal d'heures d'attente, pas mal d'heures de boulot pour identifier correctement les séquences génétiques situées sur les chromosomes sexuels. Sans utiliser de génome de référence, sans savoir où sont nos morceaux de séquences sur ce génome, ça demande un peu de gymnastique. Et le jeu en vaut-il la chandelle ? Au bout de quelques jours, on se pose sérieusement la question.

Alors, cette question ? Pourquoi est-on là ? Que fait-on exactement ici ? On ne travaille pas sur l'oiseau le plus nord parce que c'est une espèce pratique. Pour ça, il y a mieux. Les drosophiles par exemple, ces petites mouches qui depuis le début du xxe siècle font faire d'immenses bons en avant à la biologie. Et entre les mouches et les mouettes tout un tas d'espèces commodes à observer, compter, attraper, marquer, élever, manipuler, croiser, modifier, disséquer, séquencer. Des espèces choisies parce qu'elles permettent de répondre à une question d'intérêt général en posant des hypothèses que l'on peut tester et affiner.

Pas de ça ici. Non, on travaille sur l'oiseau le plus nord parce que c'est le plus nord. Une espèce pénible, sur laquelle on ne sait rien ou pas grand-chose. Une espèce blanche sur fond blanc, tout en haut du monde qui chauffe, là où ça chauffe encore plus. Une espèce qui s'est adaptée à l'hiver arctique, les prédateurs, la rudesse du nord. Une espèce qui veut juste qu'on lui fiche la paix sur la banquise. Peut-être bien une espèce perdue d'avance.

Alors juste avant que ça fonde, on veut savoir un peu mieux qui c'est. C'est qui, cette mouette blanche ? Ils font quoi, les jeunes, jusqu'à leurs deux ans ? Comment fonctionne leur système social, au moment de la reproduction ? De quoi se nourrissent-elles ? Quelles sont les conséquences des polluants concentrés dans leur sang, leurs œufs ? Et pour ce qui nous intéresse aujourd'hui, devant nos écrans d'ordinateurs, y a-t-il bien deux fois plus de mâles que de femelles, et pourquoi ?

Alors si pour répondre à cela il faut attendre de 8 h 30 à 23 h devant les pièges pour capturer une demi-mouette, on le fait. Il faut déployer pas mal d'énergie et de logistique pour observer deux petites colonies, capturer quelques oiseaux, et obtenir quelques échantillons.

Passer des jours à scruter la moindre parcelle de résultats génétiques utilisables relève de la même logique. Soit on va jusqu'au bout, soit on ne fait pas de travail exploratoire sur une espèce impossible. Après avoir confirmé le sexe de 158 individus, je suis ce soir sur le point d'identifier le sexe de six individus supplémentaires pour lesquels nous n'avions jusque-là aucune information. Nous y sommes. Cinq mâles, une femelle. Est-ce que cela valait le coup ?

18 juillet

Bente commence sa journée de travail chaque matin à 5 h. Elle nous suggère d'en faire autant, car chaque jour en arrivant il y a au moins deux-trois mouettes sous sa fenêtre. À cette heure-là, on aurait aussi l'avantage du calme.

Le réveil sonne à 5 h 45, nous ne sommes quand même pas aussi courageux qu'elle.

À 6 h les pièges sont prêts. On se donne deux heures avant le petit déj' pour piéger tranquille.

À 6 h 03 *FW* arrive.

À 6 h 05 *FW* repart, effrayée par le véhicule de Camilla, qui, elle aussi, démarre tôt.

Un peu plus tard Odin se met à hurler.

Il vient d'arriver, il est jeune, il est attaché près de Dirk et Obeliks, il n'a pas encore pris ses marques. Magnifique pelage couleur fauve. Dans quelques heures il aura pris la couleur anthracite de la poussière locale. Peut-être dans quelque temps prendra-t-il place dans une meute.

En attendant, il couine.

Pas de capture matinale, donc.

On termine la matinée dans la cuisine, pas trop loin de la cafetière, concentrés bien plus sur nos écrans que sur les pièges, dehors, qui ces jours-ci n'attirent plus personne à part les chiens.

Cet après-midi, cap au nord, on s'approche pour observer de près la colonie située tout au bout de notre péninsule.

Glenn arrête sa botte à 30 cm d'un nid de sanderling. Quatre œufs qui ont eu chaud, donc. Mais le nid est un creux formé au cœur d'une saxifrage. On ne marche jamais sur ces coussins fleuris. L'adulte qui couvait s'éloigne en courant au sol, en simulant même une aile cassée qui l'empêcherait de voler. Il tente tout pour éloigner le prédateur. Nous nous éloignons de quelques mètres, l'oiseau regagne son nid. Guillaume filme le courage du Sanderling.

On s'approche lentement des mouettes blanches, jusqu'à pouvoir distinguer clairement les nids à la longue-vue. Huit oiseaux chacun sur leur nid, et quelques-uns posés à côté. L'un d'eux a l'air d'apporter des matériaux de construction, comme pour entretenir ou consolider un nid. On ne sait pas s'il s'agit d'un des parents, ou de quelqu'un qui leur donne un coup de main.

On retrouve le sol chaud, l'air froid, cette pointe de sol libre entourée de banquise, les icebergs figés et qui malgré tout avancent. L'année passée nous nous étions arrêtés là. Pas plus près, pour ne pas déranger alors que l'ours venait de terminer sa razzia. Cette fois nous nous approchons. On sait le faire, maintenant. Lentement, en laissant le temps aux oiseaux de s'habituer à notre présence immobile. Ils savent que nous sommes là, ici on ne se cache pas, la terre est nue, difficile d'imaginer paysage plus ouvert, même si la surface présente tout de même quelques rides. On se perche d'ailleurs toujours au plus haut. Pour mieux voir. Comme les oiseaux, on préfère voir arriver tout ce qui bouge sur la banquise. Oiseaux, brumes, prédateurs.

On s'approche encore, jusqu'à trouver des traces de pas qui ne sont pas les nôtres. On distingue cinq doigts, quelques griffes. Quand l'ours est-il passé ? Difficile à dire.

Au comptage final, huit nids, douze oiseaux.

Déjà il est temps de repartir, nous sommes arrivés tard.

Sur le chemin du retour les traces du renard... et du poussin dont il n'a laissé que les plumes blanc tacheté de noir. Un poussin déjà grand, prêt à l'envol. Sans aucun doute un survivant du passage de l'ours, l'année dernière. Le renard était venu régler les derniers détails.

Après le dîner on retente le coup. *UU* se glisse derrière Guillaume qui vient d'armer les pièges. *UU* se sert un petit steak et repart tranquille.

Mais *WU* un peu plus tard nous permet de retrouver un peu de dignité. Enfin une capture. « Tu vois, Thomas, on se lève à 5 h du mat' et on capture la première mouette à 20 h », constate Guillaume en se marrant.

Qu'à cela ne tienne. Demain nous retenterons le coup au petit matin.

19 juillet

Nouvelle tentative à 6 h 15. Ça vole, mais ne se pose pas.

Glenn commence à identifier les mouettes à leur comportement, sans longue-vue. « Tiens, voilà *WK* », il dit.

L'après-midi on se dirige au sud-ouest, vers le glacier. Il est hors de portée, une quarantaine de kilomètres peut-être, mais on s'en approche de quelques pas. La balade à peine commencée, un nid de labbe à longue queue. Guillaume en rêvait depuis qu'on s'était aperçus de la présence régulière du labbe dans les parages. Il s'approche un peu de l'adulte qui monte la garde. Le labbe comme la mouette blanche niche ici, loin au nord dans la toundra, presque trop loin pour qu'on puisse encore appeler toundra ce sol presque entièrement minéral (il faut reconnaître qu'il y a quand même pas mal de cailloux). Mais contrairement à la mouette qui en hiver reste au nord, à la limite de l'eau libre, lui descendra beaucoup plus bas, jusque dans l'Atlantique sud.

Pendant ce temps Glenn observe les icebergs et compare le glacier à une bibliothèque des climats du passé qui déverse ses ouvrages.

Là, un patch de végétation, sans doute à l'emplacement d'un ancien nid qui a enrichi le sol. Les pelotes de réjection tout autour donneront peut-être le nom de l'ancien propriétaire. De ce qu'il a mangé, en tout cas. Bon, on le sait déjà : tout le monde mange du lemming.

Plus loin un nid d'hiver, et, posé dessus, un cadavre de lemming. N'en reste que le squelette parfaitement nettoyé, et la fourrure. « Une hermine a fait ça », détermine Glenn. « Cet hiver, sans doute. »

La toundra n'est pas un désert, il faut ouvrir l'œil. Ou écouter le naturaliste ouvrir l'œil. On s'arrête pour le lemming et c'est le bécasseau Sanderling qui signale sa présence trente mètres plus loin.

La toundra. Un presque désert. Une surface de pierre brisée tellement menue que le sol en devient souple. Boueux, par endroits. En vérité, c'est plus compliqué que ça, je ne sais pas les forces et les processus qui créent ce sol si particulier. Un pierrier meuble et nu, qui forme quelques vagues et des replis. Des coins encore en eau, quelques crêtes. On voit loin, mais jusqu'où ? Pour le débutant qui marche là, il est impossible d'estimer les distances.

On est bien, assis sur ce sol, à prendre le temps de voir. Les lichens, quelques mousses, et puis les plantes à fleurs, au ras du sol. On m'avait dit leurs noms, l'année dernière, je les ai déjà tous oubliés. Sauf le pavot, peut-être, et la saxifrage à feuilles opposées. Au creux des saxifrages le Sanderling fait son nid. Pour y déposer quatre œufs.

Et il y a le saule. Un arbre, mais au ras du sol, lui aussi.

Il faut écouter le pépiement du bécasseau qui s'alarme du bruit des bottes.

Le cri du labbe. Celui de la mouette ivoire.

Et il faut ouvrir l'œil pour voir la silhouette qui se détache à peine. Un labbe veille, au loin une bernache, deux peut-être. La toundra n'est pas un désert.

Le pavot arctique.

Guillaume filme tout cela. Il a le courage de porter, tout, le poids du trépied, les boîtiers photo et les objectifs, doubleurs, micros, stabilisateur. Positionner le trépied, faire le niveau à chaque prise de vue, composer avec le jeu d'acteur aléatoire et l'humour potache. Et la lumière qui est une vraie star, mais vraiment aussi n'en fait qu'à sa tête. Et l'attente. L'attente pour un peu tout, et surtout pour la mouette, qui arrive quand la batterie de l'appareil photo abandonne, par exemple.

Quatre oiseaux blanc ivoire survolent le bar à notre retour. On se remet au piégeage.

L'année dernière on avait oublié, mais pas cette fois. Rhum, whisky ou abricotine, pas beaucoup, mais on en a chacun apporté un peu. Ainsi on a le choix. Ce soir on partage ce pas beaucoup avec une équipe autrichienne qui tente de boucler la logistique pour le lendemain. Eux sont à Station Nord pour rejoindre ensuite la région de *Wulff Land*, un peu plus à l'ouest, où un hélicoptère doit les retrouver pour leur permettre d'explorer la zone. Mais le kérosène de leur hélico est à Qaanaaq, de l'autre côté du Groenland, sur la côte ouest. Il faut aller le chercher en *Twin Otter* et le déposer en différents points dans leur aire d'exploration. Pour cela leur *Twin* doit lui-même se déposer une réserve de carburant sur le chemin. On leur annonce que seule la moitié de leurs 800 kg de matériel d'expédition sera finalement transportable. La logistique arctique est pleine de surprises.

Mais cette équipe en a vu d'autres. Leurs expéditions ont l'air tout à fait exceptionnelles. Ils cherchent des grottes (déjà, il faut les trouver, et y accéder). Et dans ces grottes un certain type de concrétion formée par le ruissellement de l'eau, comme les stalactites et stalagmites, mais plutôt sous la forme d'une couche plate et dont on peut dater le dépôt. Les conditions d'ancienneté et de stabilité de ce dépôt permettront d'étudier les variations climatiques très anciennes (par exemple autour de 600 000 ans, et peut-être bien plus). Pour l'heure, Gina, cheffe d'expédition, cherche la quadrature du cercle pour que la mission se poursuive le lendemain matin.

Good luck, and good night.

20 juillet

À un moment ou un autre on ne pourra pas y couper, il faudra faire face à l'œil de la caméra. Guillaume non seulement a prévu de nous filmer en cours de travail (passe encore, il ne s'agit pas de jouer), mais aussi de nous soumettre à la question. Et comment ? Et pourquoi ? Et depuis quand ?

Ce matin il nous présente un séquencier du documentaire qu'il imagine, et nous donne la liste de questions qu'il compte nous poser. On aura beau les avoir eues en main à l'avance, dans quelques jours quand il les posera vraiment devant la caméra, on aura l'air malin.

Ce n'est pas tout à fait vrai, Glenn s'en tire de manière remarquable.

Cet après-midi on se dirige à nouveau vers la colonie située à la pointe nord. En chemin on s'arrête sur le petit promontoire où l'année passée nous avions noté la présence de plusieurs nids anciens. Glenn a gardé contact avec l'équipe américaine qui avait proposé de réaliser une datation de la matière organique si on pouvait leur envoyer quelques échantillons. On prélève une carotte de sédiment au cœur de trois nids, mais ils sont plus abîmés que dans le souvenir que j'en avais gardé, on ne sait pas exactement quelle quantité de matière organique sera analysable.

À proximité de la colonie, prises de son, prises de vue, prises de notes. Je photographie Guillaume qui filme Glenn qui photographie la neige en bordure de banquise. Il y a là une texture qui l'intéresse. Mais le temps file, il nous faut être de retour pour 18 h 30. On s'approche encore, sans précipitation, jusqu'à pouvoir lire les bagues des oiseaux présents.

Le premier à venir nous voir est porteur d'une balise GPS. Quand il se pose, on lit sa bague. *FI*. Il porte un harnais depuis cinq ans, et semble nous en faire le reproche. Tous les autres oiseaux restent calmes. On aimerait pouvoir le débarrasser de ce fardeau, mais malgré sa présence répétée à la station, il ne viendra jamais suffisamment près de nos appâts pour qu'on puisse le recapturer.

On traîne encore un peu. Le temps d'une image. Il y a là une mouette blanche en contre-jour qui se remet les plumes et les idées en place dans l'eau d'une mare. Plus personne ne fait attention à nous.

De retour à la station, on rencontre un nouvel arrivant. On se présente, on discute, c'est le pilote de l'hélico qui doit rejoindre l'équipe autrichienne sur son camp de base, pour ensuite les déposer à gauche à droite à la recherche du précieux dépôt de calcaire au fond des grottes. On dîne ensemble, on échange nos expériences, le gars est sympa et intéressé. Et en fait, non, il ne repart pas dès le lendemain. Le *Twin Otter* de l'équipe autrichienne n'a pas terminé le dépôt des fûts de kérosène nécessaire au travail de l'hélico. Il a un ou deux jours à attendre ici. Vraiment ? Vraiment. Non, parce que nous, on a une colonie inaccessible à pied, dans les *Glenn Hills*, sur l'*ice cap*. C'est à 18 km. Peut-être y aurait-il moyen ? Trouver un arrangement ? Le pilote réfléchit, il n'est pas contre, mais il y a plusieurs problèmes, l'hélico est chargé de matériel jusque sur les sièges passagers (le fameux matériel que l'équipe a dû abandonner sur place le matin même), et il est chargé en fuel, ce qui le rend plus gourmand... en fuel. Et surtout, bien que propriétaire de l'hélicoptère avec lequel il est arrivé, le pilote travaille pour cette mission sous contrat avec un logisticien. Il faut qu'il voie avec lui, ça risque d'être compliqué.

En attendant, Guillaume capture une mouette. Et non baguée, s'il vous plaît. Les affaires reprennent. La lumière est belle, on prend le temps de filmer toutes les étapes de la manipulation. Plan fixe latéral, plan drone, zoom sur la mesure et la prise de notes. *CD* blanc superstar.

Et ça continue de voler. Encore une non-baguée dans le coin, et puis *UW*, *WG*, *FI*, *WK*, *AP*, *UB*, *FW*, il y a du beau monde, on avait perdu l'habitude, l'espoir renaît.

Mais jusque tard le soir c'est un ballet ininterrompu d'interactions entre deux ou trois individus, l'un chassant l'autre dès que l'autre s'approche du piège.

In-sup-por-table.

« C'est du foutage de gueule ! Mets-le bien dans ton film, ça, Guillaume. »

« C'est *footage of gull*[1], me répond Glenn, le titre de ton film. »

1. Jeu de mot sur la traduction de l'anglais *footage of gull* qui peut se traduire par « images de mouettes » ou « film de mouettes ».

21 juillet

On est resté tard, hier soir. Foutage de *gull* ou pas, Glenn et Guillaume sont tenaces. Moi j'aurais abandonné depuis longtemps, je n'ai pas la patience de l'ornitho.

Et à minuit cinq, *UB* était pris.

Deux captures dans la journée hier, enfin la moyenne remonte. Mais il nous reste déjà peu de temps. Le C-130 qui doit nous ramener est prévu pour le 26. Et il nous faut deux jours pour aller au *fishing lake* échantillonner les ombles qui n'avaient pas encore pu se libérer de leur prison de glace quand nous avions tenté le coup l'année dernière. Il fait très chaud cette année, il est possible que le lac soit un peu moins gelé, même avant le mois d'août.

Notre pilote d'hélicoptère s'appelle Mathias, et en début d'après-midi il décolle. Je suis surpris de la rapidité de l'engin. Il disparaît vers l'ouest, en direction des montagnes, en direction de l'équipe qui l'attend pour travailler. En le voyant s'éloigner je réalise également la vitesse à laquelle on s'était imaginé monter à bord, profiter de l'aubaine pour aller échantillonner une belle colonie sur la calotte glaciaire, faire des images pour le docu de Guillaume. Pour vivre cette expérience. Pour notre bon plaisir. Et à quel coût ? Le coût environnemental d'un petit tour en hélico ? Pour aller échantillonner une colonie ? Si Mathias nous avait proposé un aller-retour au prix standard (compter 400 euros les 10 minutes de vol, plus le fuel, taxes d'utilisation de la piste, imprévus éventuels...), même sans se poser, juste pour aller compter les nids, bien sûr qu'on aurait dit oui. Et alors oui à la dépense énergétique ? Il va bien falloir pourtant sérieusement se poser la question. Et surtout apporter des réponses, établir de bonnes pratiques permettant de poursuivre le travail de recherche en réduisant drastiquement son empreinte sur l'environnement. Consommation énergétique des bâtiments, déplacements, numérique, consommables plastiques... les sujets ne manquent pas. Nos institutions ont commencé à s'y mettre. Nous aussi, à une échelle plus locale. Le laboratoire de Guillaume a initié l'établissement d'un plan d'action pour réduire l'empreinte carbone de son activité. Celui de Glenn confie chaque année à un stagiaire la réalisation du bilan carbone de l'année, et un groupe de travail réfléchit à la proposition de mesures concrètes. À la Station Biologique de Roscoff un groupe de travail est également en place depuis un moment pour lister les problèmes et leurs solutions potentielles. Nous en sommes donc tous au même point, en amont de l'action. Mais je pense que ça ne va plus tarder. Mesurer l'empreinte de chaque projet. Prendre des décisions contraignantes.

Le changement climatique.

Nous nous informons pour partie à travers nos lectures scientifiques, mais nous ne sommes pas des spécialistes. Une large part de nos connaissances repose sur les sources d'information grand public. L'actualité rapportée dans la presse m'a semblé traduire cette année une nette accélération de la modification du climat, ou de ses conséquences visibles. Le quotidien auquel je suis abonné ne fait pas dans le sensationnalisme, la peur n'est pas son fonds de commerce, mais au cours du mois qui a précédé cette mission on y trouve en moyenne plus d'un article par jour consacré au sujet.

Depuis le début de cette mission, on a chaud. Hier la barre des 16 °C a été franchie. Je me demande si c'est une température habituelle.

Station Nord enregistre des données météorologiques[1] depuis le premier janvier 1961, alors... voyons voir : la température moyenne sur une heure a atteint la barre des 16 °C pour la première fois le 22 juillet 1979. La seconde en juillet 2001. Puis en juillet 2002. Et 2003, 2007, 2012, 2017, 2019, 2020. Et 2023, donc. Alors oui, 16 °C est une température habituelle... ces vingt dernières années. Rare pour les 40 précédentes. Pour un de ses articles, Glenn avait calculé que Station Nord s'était réchauffée de 2,75 °C en 50 ans. Le calcul s'arrêtait à l'année 2011. À l'échelle d'un individu humain, on ne se rend pas compte, on s'en

1. Données disponibles auprès du Danish Meteorological Institute, https ://www.dmi.dk/publikationer/

fout. À l'échelle des temps géologiques, à l'échelle des changements atmosphériques, à l'échelle de la vie, c'est tout à fait délirant.

Que nous dit le dernier rapport du GIEC ? Même en se contentant du rapport de synthèse[1], un document court, une trentaine de pages pour dire l'essentiel, on comprend que notre climat dans quelques années sera différent de ce que nous connaissons aujourd'hui. Le constat est sans équivoque : les activités humaines ont produit depuis 1850 environ 2400 milliards de tonnes de CO_2 (émission nette[2]). Et le calcul s'arrête à 2019 ; ce chiffre est déjà largement dépassé. La concentration de l'atmosphère en gaz carbonique n'a jamais été aussi élevée depuis au moins 2 millions d'années. À titre de comparaison, notre espèce est apparue il y a environ 300 000 ans et nous avons produit plus de 40 % de notre production totale de CO_2 ces 30 dernières années.

La conséquence la plus importante de cette production massive et rapide de gaz carbonique est une augmentation de la température globale de l'atmosphère : + 1,1 °C sur la période 2011-2020 par rapport à la période 1850-1900.

C'est la conséquence la plus importante, et malheureusement sans doute aussi la moins parlante. Plus 1,1 °C, et alors ? Au moins pour l'Humanité des zones froides et tempérées, 1 °C de plus, tant mieux, non ?

Non.

Par ce que ce paramètre résume si mal ce qu'est le changement climatique. Premièrement, cette valeur ne dit rien de la variation qu'elle synthétise. En particulier, le réchauffement climatique s'accompagne de la multiplication des évènements extrêmes. Vagues de chaleur caniculaire, périodes de sécheresse, tempêtes, précipitations sévères.

Deuxièmement, le réchauffement entraîne des conséquences globales comme la fonte des glaces (glaciers, banquise, calottes glaciaires telles que celle qui recouvre le Groenland) et cette fonte entraîne une augmentation du niveau de la mer irréversible à court terme. Si on était capable aujourd'hui de réduire drastiquement notre production de gaz

1. IPCC, *Climate change 2023 synthesis report, summary for policymakers.*
2. Il s'agit du bilan du CO_2 émis en tenant en compte du CO_2 capturé.

à effets de serre de manière à limiter le réchauffement de l'atmosphère à 2 °C, le niveau moyen de la mer augmenterait de 2 à 6 mètres dans les 2 000 prochaines années. C'est beaucoup, et c'est irréversible. Quoi que l'on fasse aujourd'hui, c'est au minimum 2 mètres, et c'est un minimum très optimiste. Pour limiter le réchauffement à 2 °C, il ne faut pas seulement réduire nos émissions de gaz à effet de serre, il faut ramener nos émissions nettes à zéro, dans le monde entier, en moins de 50 ans, et en commençant à les réduire immédiatement de manière massive. À l'opposé de cette trajectoire, nous continuons aujourd'hui *d'accroître* notre production de gaz à effets de serre (par exemple 12 % d'augmentation entre 2010 et 2019). D'après le rapport que j'ai sous les yeux, les politiques implémentées actuellement conduisent à un réchauffement estimé à +3,2 °C.

Les conclusions du GIEC m'inquiètent parce que les conséquences du changement climatique seront douloureuses pour une large partie de la population humaine mondiale (3,3 à 3,6 milliards d'êtres humains vivent dans des zones vulnérables). Mais je crains bien plus encore ce que nous ne savons pas. Les surprises. La seule chose que nous savons des surprises, c'est qu'elles seront mauvaises. Car le dérèglement climatique est dû à notre production colossale de gaz à effets de serre, et, quand on donne un coup de pied colossal dans une mécanique complexe, les surprises sont rarement bonnes.

Juste avant de rejoindre Station Nord, j'assistai à une conférence donnée par Cédric Boulart, un collègue chimiste, à Roscoff. Sa spécialité : le méthane. Une fois dans l'atmosphère, le méthane a un effet dévastateur, vingt à trente fois plus de pouvoir radiatif que le gaz carbonique. Ce que nous apprit ce collègue ce jour-là, c'est d'une part que l'augmentation récente de la concentration en méthane correspond à peu de chose près au pire des scénarios du GIEC (c'est-à-dire bien plus que les +2 °C mentionnés pour l'instant comme cible principale à atteindre), et d'autre part qu'on se demande actuellement quelle est la part des sources marines dans la production de méthane atmosphérique. Lui s'intéresse en particulier au rôle de bactéries marines qui produisent du méthane dans certaines conditions. Et que font les populations de ces bactéries quand la température de l'eau augmente ? Elles grandissent. Il travaille là-dessus, essaye de comprendre si oui ou si non, comment, combien. Ce genre de chose mal connue, ces composantes du système dont nous ignorons tout, ne sont pas prises en compte dans les prévisions du GIEC.

Au rayon des bonnes nouvelles, il faut se contenter de ce que notre production de gaz à effet de serre a augmenté un peu moins vite au cours de la dernière décennie. Peut-être atteindra-t-on rapidement un plateau, peut-être suivi d'une réduction de cette production.

En voyant disparaître l'hélico, je suis reconnaissant de ne pas avoir eu le choix. À coup sûr, j'aurais fait le mauvais.

Nous prenons le chemin de la petite colonie située à l'est. Lors de notre première approche une semaine plus tôt, Guillaume avait placé un piège photo près d'un nid. On commence ce matin par une revisite de cette colonie. Il faut, au minimum, aller récupérer le boîtier. En s'approchant on retrouve *AP* jaune, l'individu bagué poussin vingt ans plus tôt. Quand son partenaire vient le relayer, on découvre qu'il s'agit de l'individu *XX*. Voilà un couple de deux individus bagués. Il faudrait pouvoir multiplier ce type d'observation, passer des heures et des jours ici afin de comprendre l'organisation sociale de l'espèce.

Trois labbes à longue queue s'approchent de la colonie. Les oiseaux crient. L'un d'entre eux, *a priori* l'un de ces *floaters* qui ne participent pas à la reproduction, prend son envol et suffit à chasser les intrus.

Puis il reprend sa place.

On reprend notre approche. Visiblement nous sommes moins effrayants que les labbes. On s'approche vraiment près. Doucement.

L'air est froid, on s'était habitué à la canicule confortable. Assis là immobiles et rattrapés par l'humidité qui vient de la banquise, on se souvient enfin que nous sommes dans le haut Arctique.

Les adultes sont calmes. Glenn est à la longue-vue, dans l'un des nids les poussins sont bien visibles, l'adulte n'a plus besoin d'être posé dessus pour les réchauffer. Sur les autres nids Glenn guette les mouvements d'un adulte qui laisserait apercevoir si les œufs sont éclos, et pour donner naissance à combien de poussins. Il faut aussi guetter l'arrivée et le départ des oiseaux qui se relaient au nid. Guillaume est collé à son œilleton. Sur fond d'icebergs et de banquise, les images doivent être vraiment belles. L'individu qui a chassé les labbes s'approche en trottant. Il est curieux. Au bout d'une heure il est à trois mètres, on ne peut presque plus le photographier. Je pense que si on restait encore là sans bouger il finirait par venir voir de quel bois on est fait. Mais on ne peut rester là sans bouger, et on finit par faire demi-tour, noyés dans un brouillard arrivé du large en quelques minutes.

À 21 h 30, puis 22 h 50, encore deux captures. Discussion tardive avec deux Sirius sur la terrasse où nous manipulons le dernier oiseau attrapé. On réexplique tout. Glenn surtout. Pour la centième fois. Avec une patience intacte. Les gars sont intéressés, la discussion dérive sur nos histoires d'ours, puis les leurs. Au fil des discussions et de notre propre expérience au Svalbard et au Groenland, on comprend que les problèmes commencent quand l'ours s'habitue à la présence humaine.

22 juillet

On tente encore de piéger en journée, mais sans grand succès. Côté météo des mouettes, c'est le calme plat.

Une bonne partie de l'après-midi est consacrée aux interviews filmées. Cette fois on ne peut plus y couper, il nous reste deux jours pour faire un aller-retour au *fishing lake*, un pour plier bagage. Alors c'est maintenant. Sans se prendre au sérieux, on se prend au jeu. Les questions simples amènent des réponses longues. Le chemin que chacun d'entre nous a pris, nos points de départ, nos virages, quelques rencontres. Le métier, les conseils que l'on donnerait aux jeunes intéressés par la recherche, pourquoi l'écriture de ce récit, la suite du projet ? On filme tout, on coupera au montage. Étonnamment, j'oublie plus facilement la caméra pour ces questions personnelles. Les explications plus techniques qui suivent, pour l'explication des objectifs et résultats scientifiques, me donnent davantage de sueurs froides. Tu couperas au montage, Guillaume.

C'est samedi soir. Cravate, repas de gala, cocktail de bienvenue, deux verres de vin offerts par la maison, et soirée au bar. Il y a deux Sirius absents, coincés sur l'un des sites qu'ils doivent entretenir l'été. En principe, ils s'arrangent toujours pour être là le samedi soir. Mais ces deux-là doivent préparer un nouveau site d'atterrissage pour *Twin Otter*. À la pelle. Et sans brouette. Dans quelques jours on discutera avec le plus jeune des deux, qui s'apprête à partir pour sa première patrouille cet hiver. Ils ont terrassé une piste de 290 mètres...

Guillaume et Glenn ne lâchent rien, ils tentent encore une ou deux heures de piégeage (assis dehors sous la fenêtre du bar, où la soirée bat son plein). Solidaire un moment, je finis par craquer et entre boire un verre. J'ai pour mission de me faire expliquer le fonctionnement du poêle à mazout. Le poêle présent dans le bar est identique à celui que nous aurons besoin d'allumer dans la hutte du *fishing lake* demain en arrivant. L'année dernière on avait réussi à l'allumer après pas mal d'essais, mais sans trop savoir ce qu'on faisait. Après avoir bu quelques coups et après avoir fini par comprendre que non, je ne cherchais pas à aller passer une nuit au refuge avec lui, un Sirius m'explique le fonctionnement du poêle. En effet, il y a un truc ou deux qu'on ne pouvait simplement pas deviner. Je suis même assez surpris qu'on ait réussi à allumer quoi que ce soit l'année passée. Un autre gars m'explique les règles de la partie de billard en cours. Il y a des quilles, sur ce billard. On m'explique, mais franchement, les règles se font de plus en plus floues.

On a très envie de rester là. Je repense à une discussion avec Christian, chef de station : « le bar est la machine la plus dangereuse de la station. » Il faut résister, s'extirper de là à temps. Demain, marcher et pêcher. Et allumer ce poêle.

23 juillet

En milieu de journée sur la route du *fishing lake*, des traces de lagopède et de lièvre. En haut sur le pierrier, un nid de bernache. Prendre une poignée de duvet dans la main froide et qui chauffe tout à coup, c'est s'étonner de ce que l'évolution peut faire, alors qu'on le savait déjà.

Le lac est là, on aperçoit la hutte. Le lac est là, la hutte est là, et le poisson aussi.

Il y a un peu plus d'eau libre, cette année. Un peu plus d'eau libre, beaucoup plus de poisson. Les trois premiers sont pris en quelques minutes. Endormi dans un bain de benzocaïne diluée, le poisson est mesuré (35,8, 39,2, 40,2 cm), pesé (425, 550, 550 g), photographié. Un petit morceau de nageoire est découpé. Les poissons pour se déplacer et s'équilibrer ont plus de nageoires que celles que l'on dessine, enfant, sur le flan de nos poissons d'avril. Sur le côté, ça serait plutôt les nageoires pectorales, ou pelviennes, qui vont par deux. Sur le dos les poissons peuvent également avoir une nageoire dorsale, et un peu plus loin une nageoire adipeuse. Juste au-dessous, sur la face ventrale, se trouve la nageoire anale. C'est de celle-ci que l'on prélève quelques millimètres de tissu, placés dans un tube d'alcool. Une partie de cet échantillon servira à situer l'individu dans le réseau trophique en étudiant ses proportions de carbone à 13 neutrons et d'azote à 15 neutrons (l'année dernière, page 34, la théorie, cette année la pratique). Une autre partie du morceau de nageoire servira à extraire et séquencer l'ADN, pour nos analyses génétiques (quelles sont les différences génétiques entre nos poissons de différentes formes, placés à différents niveaux de la chaîne trophique, et qui adoptent différentes stratégies de vie dans ce lac la plupart du temps gelé ?).

Quelques écailles sont prélevées et placées dans un sachet de papier. Elles seront utilisées pour estimer l'âge de l'individu. Chez les saumons et les truites on fait ça très bien, les écailles présentent des stries assez nettes qui sont plus resserrées quand la croissance est plus lente, c'est-à-dire en hiver. On peut compter le nombre de ces zones de stries plus serrées, et donc le nombre d'hivers écoulés depuis la naissance de l'individu. Le problème avec l'omble chevalier, c'est que les stries sont moins nettes que chez le saumon. Pour vérifier avec quelle précision on peut estimer l'âge d'un individu à partir de ses écailles, il faut donc commencer par tester la méthode en la comparant avec une méthode plus précise : la lecture des stries de croissance enregistrées par les otolithes, ces espèces de petits cailloux nacrés situés dans la tête des poissons (l'année dernière, page 74, la théorie, cette année la pratique). L'idée est donc de sacrifier une petite série d'individus de différentes tailles afin de pouvoir leur couper la tête et estimer leur âge à l'aide des deux méthodes en parallèle. On saura ainsi si les écailles donnent des résultats fiables (peut-être au moins pour une partie de la gamme d'âges).

Les animaux qui échappent à cette série sont placés en bac de réveil. Une seconde bassine d'eau claire, sans anesthésiant. Après quelques minutes, on peut les rendre au lac.

L'omble chevalier.

Tout à coup, un poisson plus gros.

La longueur du poisson du scientifique n'est pas tout à fait la même que celle du poisson du pêcheur (qui, souvent, est très préoccupé par la taille du poisson). On mesure la « longueur fourche », mesurée non pas à partir de l'extrémité de l'une des deux pointes de la queue fourchue du poisson, mais à partir du creux formé entre ces deux pointes. C'est plus petit, mais c'est plus fiable. Alors celui-ci fait 58,2 cm, longueur fourche. Un mâle, probablement, d'après la forme de la gueule qui forme un bec comme celui des saumons au temps de la reproduction. Guillaume commente à voix haute toutes les étapes des observations et prélèvements. Couleur, taille, forme, contenu stomacal, cycle de vie, il ne comprend pas comment s'organisent les poissons qui vivent ici. Comment s'enchaînent les migrations en mer, retours au lac, reproductions, alors que lac et rivière ne sont libres de glace que pendant une courte période ? Que mange un poisson dans ce lac désertique ? Mystère. L'un des plus gros individus sacrifiés avait l'estomac rempli de deux de ses congénères (régime piscivore cannibale), un autre, beaucoup plus petit, de larves d'insectes. Il faudra établir si ce régime est fonction de l'âge de l'individu (on commence par manger des larves avant de passer aux cousins) ou s'il s'agit de deux stratégies différentes (peut-être ces deux individus ont-ils le même âge, mais pas le même régime, ni la même stratégie de vie). Comment ces stratégies évoluent-elles ? Comment s'adapte la population d'ombles à ce lac extrême ?

Cinq captures avant de rejoindre la hutte, allumer ce poêle, poser dessus une grande casserole de glace (dans la neige à côté, la trace fraîche du renard), attendre longtemps que ça chauffe.

Guillaume filme, enregistre les sons, fait décoller son drone. On ne l'arrête plus. Pendant le trajet jusqu'ici on a traversé et retraversé de petits cours d'eau sous l'œil de la caméra. On s'est placé ici ou là pour monter dans le pierrier. On s'est arrêté à chaque occasion d'une séquence intéressante. Un d'un plan de coupe. Ou d'une autre séquence, un peu plus loin. Filmer est exigeant, et demande du temps. Cela tombe bien, on a décidé de le prendre.

Deux de nos cinq poissons ont été sacrifiés. Ils passeront la nuit au frais dans la rivière et jusqu'à notre retour à Station Nord, les têtes d'un côté (pour la science), les filets de l'autre (pour les scientifiques).

La glace a fondu, on attend maintenant qu'elle tiédisse.

À 23 h Guillaume atteint généralement son pic de forme. Et la pluie est prévue pour demain. Autant aller pêcher tout de suite.

Et quatre de plus.

24 juillet

Et encore un avant de partir. Dix ombles au total, à ajouter aux onze que Guillaume avait pu échantillonner en 2019, lors de sa toute première visite. Suffisamment pour pouvoir décider de la suite à donner à ce projet. Un échantillonnage systématique dans ce lac ? Un projet plus vaste dans une série de lacs comme celui-ci, situés très loin au nord et imposant des contraintes fortes sur le cycle de vie de l'omble ? Cela dépendra des résultats préliminaires obtenus sur cette vingtaine d'individus, et de l'originalité des processus biologiques qui pourraient être étudiés, par rapport à ce qui a déjà été fait sur ce type d'espèce.

Sous la pluie, deux plongeons catmarins viennent voir ce que l'on fabrique au bord de leur lac. Hier soir on avait dérangé un groupe d'une quarantaine de bernaches, elles s'étaient mises à l'eau pour contourner le cœur gelé du lac et s'arrêter sur le bord diamétralement opposé à notre lieu de pêche. Ce matin la présence des catmarins repousse les bernaches sur un glaçon. L'année dernière quand on les avait dérangées en marchant dans la toundra entre le lac et la station, elles s'étaient contentées de nous survoler en décrivant une grande boucle pour bien nous observer et exprimer leur mécontentement, ou leur curiosité, ou débattre entre elles de ce que nous sommes, ou décider que nous sommes des touristes et nous le faire savoir. C'était beau, en tout cas. Cette fois c'est différent, Glenn pense que leurs plumes sont en train d'être renouvelées. Le lac semble leur offrir la sécurité pendant cette mue qui les empêche de voler. Elles se reposent sur les berges, se mettent à l'eau en cas de danger.

Le retour dans la toundra est ponctué de terriers de lemmings, de toutes petites crêtes sur lesquelles il faut aller voir s'il n'y a pas de traces de vie, de saules, de saxifrages à feuilles opposées, de saxifrages à flagelle sur lesquelles on s'arrête plus longtemps, ces fleurs jaunes entourées de stolons qui forment comme les pattes d'une araignée rouge sur fond de sol noir.

La saxifrage à flagelles, sur le sol noir de la toundra.

Comme toujours on reste trop longtemps, et comme toujours on finit au sprint pour respecter l'heure du dîner. Les exploits de pêche sont toujours un bon sujet de discussion. On mangera demain soir les cinq individus que nous venons de confier à Bente. Ce sera bon. On s'inquiétera un peu de l'impact de cette publicité sur nos collègues militaires.

Quand on a rencontré Mathias (mais si, Mathias, le pilote d'hélico), je lui avais expliqué qu'on avait deux pièges, un pour attraper les oiseaux, un pour attraper les pilotes d'hélico. Ha ha.

Alors quand un jour ou l'autre un des gars nous demande en souriant s'il est possible d'attraper un humain avec nos pièges, ça me fait rire. L'humour potache, le second degré, l'autodérision, c'est mon truc.

Mais bon. D'une part il faut être bien d'accord sur le degré. D'autre part il faut se méfier du samedi soir...

Les filets subissent donc une rapide inspection avant d'être remis en place, et c'est reparti pour ce qui aurait dû être notre dernière soirée de piégeage. Mais le C-130 prévu pour le 26 n'arrivera pas avant le 27. Au moins le 27, nous dit Christian.

Piégeage jusqu'à 23 h. Plusieurs visites, différentes mouettes baguées, mais toujours autant de difficulté à capturer.

25 juillet

Piégeage en matinée. Pas de capture.

Guillaume a plus de succès avec ses dernières scènes. Il lui manquait notamment la mise en place de l'appât. On tourne ce plan avec l'aide inattendue d'une mouette qui entre dans le champ, fait mine de s'intéresser au morceau de phoque que je viens de placer, puis s'éloigne. Il lui manquait également une illustration du travail de chantier. Les permanents à Station Nord ont une panoplie de bulldozers en tous genres, cette partie de leur travail mériterait d'être mentionnée. Par hasard ce jour-là deux engins s'amènent. Une tractopelle attaque le gravier, un camion-benne s'apprête à soulever une dalle posée là et qu'il faut transporter ailleurs. Guillaume n'a plus qu'à poser son trépied.

Le plan s'arrête quand la tractopelle attaque une série de câbles électriques inattendus, interrompant notamment l'alimentation du bâtiment principal utilisé par les militaires...

L'après-midi, Guillaume transforme en studio : 1) la cuisine pour l'interview de Bente, 2) la chambre de Glenn pour l'explication des résultats sur ordinateur, 3) le labo pour la scène de la centrifugeuse (les échantillons sanguins sont centrifugés dans la demi-heure qui suit les captures).

Deux nouvelles équipes arrivent. Une paire espagnole s'intéresse aux saxifrages. Une paire autrichienne s'intéresse à l'atmosphère au-dessus, dans les zones de transition entre toundra et calotte glaciaire. Il se passerait des choses intéressantes à ces frontières.

En soirée, on piège. *BK* se promène à quelques dizaines de centimètres des filets. Je ne sais plus combien de fois on nous a fait le coup.

Christian passe nous voir pour nous donner une copie du montage vidéo qui résume leur année en image. Quelqu'un fait ça, chaque année. Cinquante minutes pour découvrir tout ce que l'on ne voit pas, entre août et juin. Une partie du visage de la station en hiver. L'hiver est une expérience, ces quelques images nous en donnent un aperçu. Un hiver à Station Nord vaut une médaille, remise à chacun des hivernants. Certains d'entre eux expriment leur souhait de voir cette médaille revenir ici quand eux n'iront plus nulle part. On a vu le soin avec lequel chacune de ces médailles est incrustée dans le bois du bar. Elles verront s'accouder pour des décennies, sans doute, les hommes et les femmes de Station Nord.

À 22 h 45 enfin un oiseau dans le piège. *CD*, le seul individu vu aujourd'hui... qu'on ne veut pas capturer (car déjà pris au cours des semaines précédentes).

En rentrant, le verre de rhum, partagé cette fois-ci avec l'un des Espagnols qui viennent d'arriver. On parle saxifrages à feuilles opposées. On ne le savait pas, il y a deux formes principales de saxifrages à feuilles opposées. Il y a celles qui, comme nous, possèdent deux jeux de chromosomes[1], et celles qui en possèdent quatre. Les diploïdes, et les tétraploïdes. Les premières forment des coussins épais aux fleurs nombreuses, les secondes s'étendent plus, sans fleur ou presque. Bien sûr il y a aussi l'occasionnel triploïde. L'idée ici est de comprendre leurs différences de niches écologiques.

Les plantes fabriquent leur matière en transformant l'eau du sol et le gaz carbonique de l'air (le fameux CO_2 qui nous empoisonne de plus en plus) grâce à l'énergie lumineuse fournie par le soleil (les photons). La machinerie cellulaire qui permet cette petite merveille est fragile et doit être réparée régulièrement. Les plantes font ça la nuit, quand la machinerie est au repos. Alors ici au nord du Groenland, nos botanistes espagnols entre autres questions se demandent comment font les saxifrages pour réparer leur machinerie photosynthétique sous le soleil permanent quatre mois de l'année.

C'est vrai ça, elles font comment ?

On discute du climat, aussi. Des 45 °C atteints à Murcia, au sud de l'Espagne, la semaine dernière.

La photosynthèse est une alliée précieuse. Elle prend le carbone de l'atmosphère (le C du CO_2) et le met dans les plantes. La destruction des surfaces végétales stoppe ce processus et rejette même dans l'atmosphère une partie du carbone ainsi fixé.

1. Nous avons 23 chromosomes hérités de notre mère (incluant un chromosome X) et une seconde copie de chacun de ces chromosomes héritée de notre père (incluant soit un X, soit un Y). Ces « copies » sont en fait des versions un peu différentes. Les deux chromosomes d'une paire portent les mêmes gènes, essentiellement dans le même ordre, mais avec des différences ponctuelles plus ou moins nombreuses. Le mélange de ces variants hérités de chaque parent fait de nous une version métissée inédite.

26 juillet.

Dernière chance.

Aussitôt dit, aussitôt pris. *UU* craque quelques secondes après la pose de l'appât. Et d'une.

Pendant qu'on filme la libération et l'envol de la première, une seconde mouette se laisse tenter. Et de deux.

On arrive à 13 captures, dont 8 d'individus pour lesquels nous n'avions pas encore d'échantillon sanguin.

Laborieux, mais pas si mal. Additionné aux prélèvements effectués en 2018, 2019 et 2022, l'échantillonnage commence sérieusement à prendre forme. En quatre missions, nous en sommes à 60 échantillons sanguins d'individus différents, et autant de plumes et de mesures morphologiques. Quinze balises posées, 41 nouvelles bagues, 369 observations d'oiseaux bagués. Onze frottis buccaux de poussins. Deux estimations du nombre de nids et du nombre d'adultes au sein des deux petites colonies de Station Nord, et quelques heures d'observation des comportements en période de reproduction. Des échantillons variés de tout ce qui participe de l'écosystème et du réseau alimentaire auxquels appartiennent les mouettes. Des notes pour ce récit. Des centaines de plans pour un film documentaire. Des idées pour la prochaine mission, il nous en reste une à faire avant de nous plonger dans le traitement et l'analyse des échantillons et des données récoltés.

Nettoyage, rangement, pliage du matériel sous la pluie. Laver et étiqueter tout ce qui reste ici pour la prochaine session, sceller tout ce qui pourrait se mettre à fuir dans les sacs, préparer le transport des échantillons dans une petite glaciaire que Glenn arrive toujours à mettre au frais ici ou là lors des escales.

Guillaume poursuit le travail et interviewe Dennis qui explique pourquoi il y a toujours ces deux ou trois chiens, à Station Nord. Des chiens de traîneau qui peuvent dépanner un équipage de Sirius lors de leur passage hivernal, en cas de besoin.

Il interviewe Bente sur son lieu de travail. Ce matin Camilla avait également été filmée alors qu'on manipulait un oiseau en sa présence. C'est bien, il faut voir ces hommes et femmes de Station Nord.

La pluie qui tombe maintenant est forte. Est-ce que les poussins restent au sec ? Est-ce que l'avion atterrira demain ? Christian passe, il nous dit que nous n'étions pas prévus sur la liste des passagers du C-130. Intéressant.

Le temps est bouché, les sacs sont prêts, dernières prises de notes. Je regarde l'épaisseur de ce cahier, mais ça va. Il reste de quoi faire.

27 juillet

L'éclaircie de la nuit a permis à l'avion de décoller d'Islande ce matin. Le brouillard à midi ne l'a pas empêché d'atterrir. La cargaison qui quittera Station Nord à son bord laisse assez de place pour accueillir trois passagers plus ou moins imprévus.

Le *good-bye* aux militaires qui nous ont accueillis ici est chaleureux.

L'année des lemmings se termine, nous sommes partis.

Remerciements

Aux origines

Groupe de recherche en écologie arctique (GREA).

Financeurs

Institut polaire français Paul-Émile Victor (IPEV).

Centre national de la recherche scientifique (CNRS).

Interact – International Network for Terrestrial Research and Monitoring in the Arctic.

Tutelles

Université Savoie Mont-Blanc : Laboratoire d'Écologie Alpine (LECA).

Institut national de recherche pour l'agriculture, l'alimentation, et l'environnement (INRAE) : laboratoire Dynamique et durabilité des écosystèmes, de la source à l'océan (DECOD).

Station Biologique de Roscoff (Sorbonne Université/CNRS) : laboratoire Adaptation et diversité en milieu marin (AD2M).

Sponsor

Vuarnet.

Pour rejoindre Station Nord

The Joint Arctic Command et la Force Aérienne Royale danoise.

À Station Nord

La cheffe cuisinière Bente.

Les logisticiens de la station de recherche Villum : Bjarne Jensen et Jørgen Skafte.

Les militaires qui nous ont accueillis durant les étés 2022/2023 : Hans Christian Have, les chefs de base Mikkel et Christian, et Dennis, Emil, Peter, Mikkel, Malte, Camilla, et Emil.

Les équipes Sirius 2022 et 2023.

Tous les scientifiques rencontrés sur place.

Support administratif

Paco Bustamanante, Gurvan Carou, Léna Corre, Olivier Gilg, Jérôme Fort, Hélène Mignot, Fabrice Not, Agnès Pinel, Nathalie Quimerch, Florence Sagnimorte.

Conseils et prêt de matériel

Adrian Aebischer, Marc Collinet, Thierry Comtet, Guillaume Forget, Damien Fourcy, Marielle Guichoux, Damien Landreau, Stéphane Loisel.

Relecteurs et relectrices

Anaïs, Éléa & Christelle Broquet, A. Dan, Sarah Dufresne, Éric Petit, Emmanuelle Pouivé.

Pour avoir posé la question

Marie Sanquer.

Crédits photographiques

Guillaume Evanno (pages 19, 20, 38-39, 40, 57, 60-61, 63, 71, 84-85, 91, 141, 146).

Glenn Yannic (photographies de couverture, pages 12, 15, 22-23, 27, 32, 36, 45, 48, 50, 51, 53, 76, 96, 98-99, 110-111, 119, 127, 129, 131, 150, 156-157).

Thomas Broquet (page 107).

PEFC/10-31-1895

Achevé d'imprimer sur papier Ensocoat 250 g pour la couverture
et Magno natural 90 g pour l'intérieur en juillet 2025
sur les presses de l'imprimerie Chirat – 42540 Saint-Just-la-Pendue
Dépôt légal : septembre 2025 – N° 2001533

Imprimé en France